国家出版基金项目
教育部人文社科重大委托项目
世界女子高等教育及大学女校长研究

世界大学女校长◆女子大学丛书

世界大学女校长 · 女子大学丛书
Series on World Women University Presidents & Women's Universities

国家出版基金项目

澳大利亚大学女校长

Women Presidents of Australian universities

叶鸿宇 著

中国传媒大学出版社

总 序

百年大计，教育为本。世界各国的经验表明，强国梦必须有科教梦做支撑。科教兴国，是中国的基本国策，是从教育大国到教育强国、从人口大国到人力资源强国的必由之路。高等教育处于教育体系的顶端，是联结科技与教育的重要桥梁。衡量一个国家科技和教育水平的高低，在很大程度上要看这个国家高等教育的水平。

回顾大学的发展历史，我们不难发现，一所大学办学质量的高低，往往取决于校长的水平。世界著名大学发展的每个重要阶段，都铭刻着大学校长的办学理念和思想，正如艾略特之于哈佛大学，蔡元培之于北京大学，梅贻琦之于清华大学。研究大学校长的办学理念和思想，是管窥一所大学兴衰成败的途径，而专门研究大学女校长，则独辟蹊径，别开生面。

中国现代教育史上，大学校长虽以男性居多，然而成就卓著的女校长也不乏其人。她们推动了大学的变革，丰富了大学的精神内涵，如金陵女子大学老校长吴贻芳，复旦大学前校长谢希德，东南大学前校长韦钰，同济大学前校长吴启迪，等等。女校长人数虽然屈指可数，但其业绩丝毫不逊于男性同行。大学女校长为高等教育的发展注入了活力，做出了贡献。大学女校长的治校理念、办学风格乃至传奇的职业生涯，确实值得深入研究和细致品味。

女子大学是高等院校序列中的一种特有形式，为世界高等教育的发展做出了重要贡献。著名的女子大学，如韦尔斯利学院、史密斯学院、淑明女子大学、日本女子大学、御茶之水女子大学，以及中国历史上的金陵女子大学、北京女子师范大学、华南女子大学等，都写下了光辉的篇章，是世界高等教育的重要组成部分。研究世界各国女子大学，总结提炼女子高等教育的办学经验和人才培养模式，探索现代女性接受高等教育的多样化形式，对于寻求符合女性特质的教育理念和教育方法，应该说是一种有益的尝试。

由中国传媒大学承担的教育部重大委托项目——“完善中国现代大学制度视域中世界女子高等教育及大学女校长群体研究”课题，对以上两个领域进行了系统深入的研究。“世界大学女校长·女子大学”丛书，就是这一课题的主要成果。这套丛书分为四个系列：女子高等教育系列，考察全球女子高等教育的发展轨迹，呈现其办学传统和教育特色；中外大学女校长个案研究系列，以人物传记的形式深度追踪大学女校长的人生经历，剖析她们的成长历程、心智历练、办学理念和治校方略；女校长群体研究系列，群像式描绘某一国家或地区的大学女校长群体，彰显女校长个性的同时，探寻她们的共性；“世界大学女校长论坛”图文集锦系列，汇集展示了大学女校长在历届论坛上的真知灼见和绚丽风采。四个系列，四十余本，蔚为大观。

“世界大学女校长·女子大学”丛书，也是“世界大学女校长论坛”历时十三年深入研究高等教育及女性培养结出的硕果，是深化论坛主旨、促进女性事业和教育事业发展的学术行动。丛书的写作，依托“论坛”这一平台，深度访谈和研究了参加历届论坛的大学女校长，系统整理了多年积累的学术成果，可以说，“论坛”既是女校长们交流合作的舞台，也是本套丛书得以出版的重要基础。

自1995年北京第四届世界妇女大会召开以来，世界妇女运动取得了长足的进展，性别平等的高端主题——女性领导力，也已经是全球关注的议题，与女性学相关的课程在中国高校已经四处开花。今天，有识之士都深刻认识到，女性在社会各个领域的创造力和领导力，是推动社会全面发展的动力之一，也是人类文明进步的重要标尺。“世界大学女校长·女子大学”丛书，对于提升女性领导力，具有重要的参考价值，对于知识女性的成长具有积极的引导意义。

大学女校长是高等教育、女性、领导力的集结点，是知识女性的杰出代表，是自尊、自信、自立、自强的典型，她们不但为高等教育的发展做出了应有的贡献，更以自己坚韧顽强、宽厚包容、无私奉献的品质与情怀，阐释了女性领导力的独特内涵。对于广大女性来说，她们是教育典范和女性楷模，具有榜样的力量和示范的价值，定能引领青年女性沿着正确的道路勇敢前行。

女性的发展，既需要社会各方面的支持，更需要女性自身具备积极进取的意志和宽广博大的胸怀。希望丛书的研究成果能产生广泛和深远的影响，为女性高等教育提供宝贵借鉴，为精英女性的成长与成功给予智力支持；促进全社会更加重视女性平等的教育接受权和职业发展权；激励正在为打破“玻璃天花板”而奋斗的新一代女性，为女性领导力的培育与提高奠定坚实基础。

是为序。

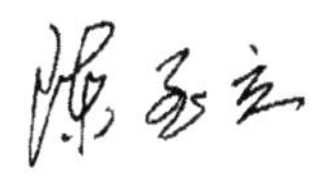

2014年7月

前　言

我在中国传媒大学工作近五十年，其中有三十多年在学校领导岗位上任职。这些经历让我有更多的机会体悟、思考女性接受高等教育的重要、女性走向领导岗位的不易。

早在1996年，我即萌生组织世界各国为数不多的大学女校长进行交流合作的想法，但当时忙于学校的学科建设和转型，这一想法被搁置下来。直到2001年，在诸多同事的帮助下，我才将这一构想变成现实，召开了大学女校长“新世纪高等教育发展战略国际论坛”。此后论坛每隔两至三年举办一次。2006年，论坛挂靠中国教育国际交流协会,组建了世界大学女校长论坛组委会，负责论坛的筹划、组织工作；2009年，在江苏有关部门的关心和支持下，成立了江苏中外大学女校长教育发展基金会，为论坛筹集资金。迄今，世界大学女校长论坛已在中国北京、南京、厦门举办五届，并在新西兰、日本、美国、土耳其、津巴布韦和墨西哥等地召开六次分论坛，吸引了79个国家的800余人次大学女校长。

十年来，在与各国大学女校长的交流互动中，我深刻地感受到，女性在高等教育领域作为决策者和领军者可谓凤毛麟角,其人生历练和办学实践值得浓墨重书。翻阅每位女校长的简历、细读她们给论坛提交的论文，总能激起我发自内心的共鸣，赞佩她们的治校理念、管理智慧和人格魅力。每一位女校长都拥有鲜为人知的心路历程、卓尔不凡的领导能力与永载史册的辉煌业绩。

我的一位好友、著名女性传记作家赵凤翔教授曾说："女人要写女人。"这给了我很大启发——女校长要研究女校长。追溯大学女校长成长、成才、成功的道路，总结女性领导力的形成规律和独特优势，开展大学女校长及女性领导力研究，出版相关研究成果，就成为"世界大学女校长论坛"活动的自然延伸。

2010年，我们筹划设立了"完善中国现代大学制度视域中世界女子高等教育及大学女校长研究"课题，组织来自中国传媒大学等单位80余人的研究团队，选定34个国家80余位大学女校长，进行个案研究和群像描绘；对23个国家的女子大学进行历史梳理与全面考察。2011年，这一课题获得教育部人文社科重大委托项目立项；2013年，由该课题主要研究成果结集而成的"世界大学女校长·女子大学"丛书，获得国家出版基金资助。

这套丛书由四个系列组成，具有三个鲜明特点。四个系列：女子高等教育系列、中外大学女校长个案研究系列、女校长群体研究系列和"世界大学女校长论坛"图文集锦系列。三个特点：一是全景式描述。丛书对世界范围内大学女校长及女子高等教育，首次进行比较全面的观照和挖掘。女校长研究既有共性的揭示与比较，又有个性的剖析与呈现；女子高等教育研究既有全球视野的巡礼，又有具体国别的探究。二是人物传记式的写作方法。丛书以访谈当事人、发掘第一手资料为基础，研究和写作的过程力求再现传主的人生轨迹、突出其办学理念和治校业绩。三是可读性强。传主的真知和作者的匠心历历可见，读者能够在图文并茂中感受到智慧和灵感的融会。

这套丛书是对女性通过教育追求真善美、通过自身努力彰显智仁勇的真实颂扬。著名女作家冰心曾说：这个世界如果没有女人，就会失去十分之五的真、十分之六的善、十分之七的美。女性不仅是真善美的化身，也应是智仁勇的写照。阅读这套丛书，我们可以了解到，女性如何通过交流互鉴，凝聚智慧、取得共识；体认困境，直面现实、自立自强；付诸行动，同心同力、坚持不懈。

这套丛书是对“女性是改造世界的温柔力量”的生动诠释。置身于男性居主导地位的社会管理体系中，女性要取得成功，需要充分展现女性特质，发挥女性优势，要以女性特有的视角观察、思考、解决问题。阅读这套丛书，我们可以看到女校长们如何在战略决策上，高瞻远瞩，运筹帷幄，引领未来；在具体工作中，体贴入微、心系师生，用愿景激励师生，用行动示范师生，用厚德包容之心协理校务；在领导风格上，追求完美和精致，重视以人为本，在管理中实现个人的发展与事业发展的契合。

这套丛书是对高等教育及大学女校长社会价值的全面展示。众所周知，高等教育是形塑社会结构及价值体系的重要载体，大学校长是具有社会象征、示范和引导意义的特殊群体。女性接受高等教育、女性担任大学校长，在改变高等教育生态的同时，也在潜移默化地影响着社会结构变迁、家庭角色分工、社会责任担当、时代价值导向。阅读这套丛书，我们可以看到女子高等教育和大学女校长的发展历程，正是社会不断进步、两性趋于平等的见证，而她们成长的艰辛和不易，也呼吁现代社会迈向更加平等、公正、和谐的完善之路。

丛书已然油墨飘香，感激的话语也充溢心头。感谢江苏中外大学女校长教育发展基金会为项目提供启动经费，感谢教育部将此课题列为人文社科重大委托项目，感谢国家新闻出版广电总局提供国家出版基金资助。特别感谢十一届全国人大常委会副委员长、第十届全国妇联主席陈至立女士担任项目和丛书的总顾问，并欣然作序。

感谢这套丛书的传主、作者和编审们。他们在繁忙的本职工作之余见缝插针，千方百计，保证了任务圆满完成。传主们倾力支持、积极配合；作者们夜以继日，数易其稿；编审们孜孜不倦，精益求精。这种认真负责的精神，令人感叹。课题跨越四载，屡遭挫折，历尽艰辛，常常使我们困扰于“山重水复疑无路”，而殚精竭虑之后的新意迭出，又使我们惊喜于“柳暗花明又一村”。我相信，不久的将来，作者之中定会有著名的传记作家、女性研究专家脱颖而出。

感谢中国传媒大学文科科研处、出版社，为项目的完成和丛书的出版提供了有力保障。丛书煌煌五十本，从策划、组织、申报、撰写到编辑、装帧，学校教师及出版社职工都是主力军，都是可靠、堪用、高效的突击队。如今项目和丛书按期完成、保质保量出版，我要向他们衷心致谢！

任何一项事业，都是“一人启其端，百人扬其华”。我只是一个组织者、牵线者，项目得以完结、丛书得以问世，应归功于各位热心的支持者、参与者。让每一位年轻的女性都能自由地筑梦、勇敢地追梦、幸福地圆梦，是我最乐意为之奔忙的事业。我们期待，有更多的有识之士能参与到这一有意义的工作中来。

刘继南

2014年7月于北京

目 录

让梦想成真
——詹姆斯·库克大学校长桑德拉·哈丁 …… 003
童年梦 …… 004
桑德拉的大学时光 …… 008
家庭·学习·工作 …… 012
博士梦与美国行 …… 016
重返澳洲 …… 022
詹姆斯·库克大学第一位女校长 …… 028
哈丁的理念 …… 041
为“热带”奔走 …… 056
忙碌着，收获着 …… 065
家·事业·人生 …… 072

美丽人生
——格里菲斯大学董事长莱宁·福德 079
雪色的梦幻 079
美丽童话 096
逆境求生 103
关注社会 106
福德的职业生涯 119
崭露锋芒 123
有爱相随 130
奉献才华 132
铸就辉煌 138
虐童调查报告 147
余晖亦如昔 162

后记 不一样的精彩 169

桑德拉·哈丁(1957-)

组织社会学博士，詹姆斯·库克大学校长。1957年出生于澳大利亚，1994年毕业于美国北卡罗莱纳州立大学，获博士学位。1988年任澳大利亚昆士兰科技大学商学院院长并被授予社会学教授职称，2004年出任该大学副校长，2007年成为澳大利亚詹姆斯·库克大学第一位女校长。她关注地方社会，发挥大学特长，为世界热带地区的生命创造更光明的未来贡献自己的力量。

Sandra Harding was born in Australia in 1957. In 1994, she graduated as a Ph.D in Sociology from North Carolina State University, USA. In 1988, she became Dean of the Faculty of Business at Queensland University of Technology (QUT), Australia, And then in 2004, she became Deputy Vice-Chancellor of QUT. In 2007, she was appointed as the first female Vice-Chancellor and President of James Cook University, Australia. She devoted herself as a Vice-Chancellor to the development of the University, the local community and the whole tropical area at large.

让梦想成真

——詹姆斯·库克大学校长桑德拉·哈丁

如果一个人朝他的梦想自信前行，并尽力过他梦想的生活，他将会在平凡的日子与成功不期而遇。
If one advances confidently in the direction of his dreams, and endeavors to live the life which he has imagined, he will meet with a success unexpected in common hours.

——亨利·大卫·梭罗
Henry David Thoreau

桑德拉·哈丁（Sandra Harding）是澳大利亚詹姆斯·库克大学（James Cook University）校长，也是该校的第一位女校长。哈丁还被任命为澳大利亚大学联合会的主席，于2013年5月2日上任。前联合会主席认为，哈丁一定能够带领澳大利亚大学联合会在高等教育领域走得更远。哈丁觉得高等教育领域是一个非常让人振奋的领域，她知道在自己的任期内，将会遇到许多国际性的挑战和机遇。

哈丁是带着梦想前行的。她希望能够带领联合会前进，并保证澳大利亚的高等教育是高质量的，是和世界齐头并进的；她希望澳大利亚向他国学习，向优秀的领导者学习；确保有利于大学发展的政策可以被政府所采纳。哈丁相信，大学的发展就意味着澳大利亚的发展。

这就是哈丁，一直坚守在高等教育领域的勇士，以她对教育事业的满腔热情，特别是对热带科学的执著追求，希望自己能够参与到创造热带世界的美好未来中去，希望能够通过自己的努力促成这个未来的实现。

哈丁以女性特有的敏锐和创造力，去探知未来，向人们展示了一位女性的精彩人生。

童年梦

1957年4月，一个金发碧眼的小女婴在澳大利亚墨尔本的一个军人家庭出生了。父母亲给这个美丽的女婴取名为桑德拉，她是这个家庭的第二个女儿。桑德拉的父母都来自澳大利亚的塔斯马尼亚州——一个位于澳大利亚南部的美丽小岛。父亲是空军部队中的一位长官，军衔不是很高。他一直在澳大利亚空军服役，直到年近五十才离开军队。

在桑德拉的童年和少年的记忆中，父亲是一位柔和、热情、充满爱心的人，母亲是一位很有能力的女性。他们俩对彼此和家庭都充满爱意，这对桑德拉的成长有着非常大的影响。

桑德拉所认识的其他军官们也和她的父亲一样，都是些充满爱心的人。给桑德拉留下深刻记忆的是20世纪60年代越战期间的一件事。那时父亲留在澳大利亚，没有像其他战友一样到越南参战。当时家中只有桑德拉和姐姐两个孩子，因为父亲和在越南的战友有许多联系，他让桑德拉姐妹俩了解了发生在越南的战争以及与她们同龄的孩子们的遭遇。姐妹俩自发地为越南一家孤儿院的孩子们募集了许多衣物，通过父亲的朋友送到越南。那次经历让小桑德拉明白了这个世界上存在着不一样的问题，也有不同的关切。

年幼的桑德拉或许是受到父亲和母亲的影响，做事很有目标，且较为准时。桑德拉认为，如果你想做什么，不要只是说出来，还要把它变为现实，将它做好。这种信念伴随着桑德拉跨过了以后人生中的许多沟壑，这或许也是父母对她最大的影响之一吧。

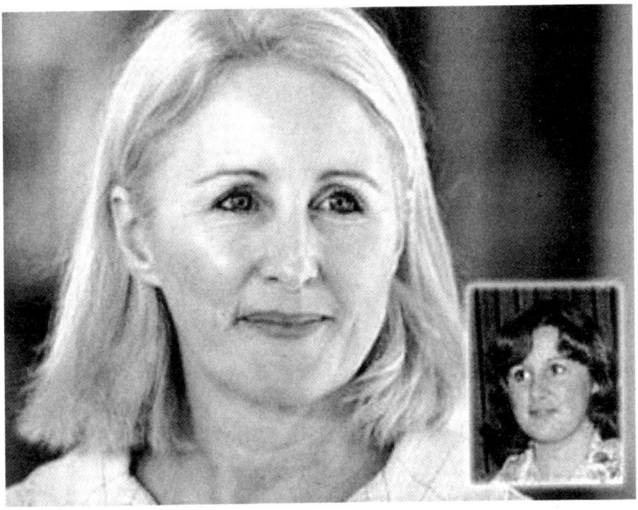

右边为年幼的桑德拉[①]

桑德拉从小就喜爱阅读，喜爱上学。在桑德拉5岁时，收到了一份特别的圣诞礼物：一套百科全书。她至今依然珍藏着这套伴随她度过了欢乐童年时光的百科全书。那套书并不是又大又厚的那种，而是儿童版的。那时桑德拉已经开始小学的学习，年幼的桑德拉如获至宝，捧着这套书读了一遍又一遍。这套书激发了桑达拉的求知欲，当她每每神游在科普知识的海洋中时，她那幼小的心灵或许早已埋下了对科学知识的渴求。在那时的桑德拉眼中，这书中的一切

① 图片来源：http://www.catedu.es/Mujeres DeCiencias/1.FILOSOFiA/docufilosofia.html

是多么神奇啊。她至今对书中关于宇宙银河的描述和世界各族人民身着特色服饰的照片记忆犹新。

小桑德拉喜爱的书很多，其中非常喜欢的一本是关于一个十几岁女孩儿的世界旅行故事，这让小小年纪的她拥有了一个旅行梦。那是一个在奥地利一所中学读书的女孩儿，她就读的是一所国际学校，有说英语的、说德语的，还有说法语的，书里讲的是女孩儿在这所学校中的冒险故事。桑德拉希望自己也去这所学校，学习这些东西，了解这一切。众多的书籍让年幼的桑德拉对世界充满了好奇，她觉得这个世界里的一切都是那么地让人兴奋。她热切地希望自己快快长大，能去了解这个世界为什么是这个样子的。她怀着一颗纯真的好奇心，想让自己心中无数个梦想得以实现。

自幼，桑德拉就是那么地热爱知识，从小就对读书无比喜爱，特别对大学更是有着美好的憧憬。她很想知道那里面究竟有什么？那是个什么样的地方？对于幼小的桑德拉来说，最重要的梦想之一，就是长大后去上大学并在那里工作。

桑德拉的父亲与母亲虽然都受过一定的教育，但都没能进入大学接受高等教育。母亲曾在塔斯马尼亚州的一所女子中学完成了学业，而当时澳大利亚的许多女性读到一半便辍学参加工作了；父亲也在空军中受到了教育。虽然父亲和母亲都是有思想的人，然而他们都没能进入大学读书。因为家中没有人有过上大学的经历，年幼的桑德拉对大学并没有什么具体的概念，可有一天，小桑德拉坐在父亲的车里路过墨尔本大学，当时年仅十岁的她指着大学对父亲说：“有一天我会去墨尔本大学读书。”父亲当即转过身来，慈爱地看着小桑德拉，然后认真地表示：“如果你能考进大学，当然我相信你没问题，那么我们会保证你能去读书。”当时的情景很多年以后她依然记忆犹新。

在桑德拉看来，那个时候读大学是非常昂贵的，她的家庭虽然不算贫穷却也并不富裕。母亲是全职的家庭主妇，全家人靠着父亲的一份工资也能过较为舒适的生活，却谈不上十分富足。桑德拉有一个姐姐、一个妹妹和一个弟弟，父亲能够这样说实为不易。确实，长大后除了桑德拉以外，家中并无其他大学生。并非他们不被允许去上大学，而是他们似乎都对自己的生活和工作现状很满意。当然这都是后话了。

与现在澳大利亚的大学数量相比，当时的大学数量几乎屈指可数，整个澳大利亚共有约13所大学，且大学的门槛很高，大概只有不到10%的中学生能够进入大学。至今桑德拉依然清楚地记得当年幼小的她与父亲对话的位置所在，就是那条墨尔本大学门前的马路，这条路记载着桑德拉幼年的梦想与志向。

桑德拉的童年与少年是与美丽的梦想相伴着度过的。除了想环球旅行、去上大学外，她对自己将来的职业也在脑海中勾勒出与众不同的图景。后来回忆起儿时的日子，桑德拉依然记得1969年阿姆斯特朗登月前后的光景。那时小桑德拉是初中一年级的学生，那一天学校放假，因为桑德拉的家离学校很远，不方便回家，她便去了同学家中。两个女孩儿一起在电视机前观看了登月的全过程。如同其他许多孩子一样，阿姆斯特朗成为了桑德拉心目中的偶像，她也希望自己能够成为一名宇航员，这个梦想就这样开始在桑德拉的脑海中生根发芽，于是她将自己的想法告诉了父亲。那个时候，宇航员隶属于澳大利亚空军管辖，如果你想成为一名宇航员，首先要成为一名飞行员，然而那时的空军并不招收女性飞行员，那也是桑德拉第一次知道原来这个社会中还有这样一种男女有别的规则：有一些事情是女性可以做的，而另一些事情却不行。

桑德拉的父母对待儿女从来都是平等的，也从未告诉过桑德拉有什么事情是她不能做的，因此这是小桑德拉第一次知道，原来这个世界上还有女性不可以做的事情，这对于年少的桑德拉而言是一个不小的震动。虽然她最后也没能成为宇航员，情况总是不断地发生变化，但那的确让桑德拉开始更全面地去解读、去理解这个世界。

桑德拉的大学时光

桑德拉初中毕业后在墨尔本的一所高中读书。在她结束高中的学习前，澳大利亚国立大学有一个项目，希望在全国范围内招收最优秀的高中毕业生到该大学读书。因为澳大利亚国立大学是当时澳大利亚最好的大学，桑德拉提出了申请，并顺利被录取。很幸运的是，那时桑德拉的大学学费全免，父母便不用为她筹措学费，而只需提供生活费。家中的这个难题就这样因为桑德拉的优秀迎刃而解了。在生活费方面，因为桑德拉要好好学习，没有时间出去打工，因此生活费还是需要父母的支持，不过她也感觉到父母很乐意支持她。桑德拉认为父母是一贯支持和关爱自己的，这对她将来在组建了家庭后关心家人产生了重要影响。虽然桑德拉最终没有进入儿时梦想的墨尔本大学，而是去了澳大利亚国立大学，不过无论如何她的大学梦实现了。

那时的澳大利亚国立大学占地面积不大，共有5000名学生，其中大部分是研究生，本科学生相对较少。桑德拉本科攻读的是科学学士学位，且与基因科学相关。在基因科学中包括化学、植物学、动物学、微生物学等，而桑德拉的专业则是动物学。因为是全日制的学生，桑德拉在大学期间基本上住在学校里，大学学习和生活对桑德拉而言是颇为难忘的。也是在大学那美好的日子里，桑德拉遇见了她未来的丈夫凯文。

谈起丈夫和自己的相识，当年一幕幕的美好情景便浮现在桑德拉的脑海中。她和凯文是同一年入学的。那一年是1974年，两人初到澳大利亚国立大学，在开学第一周的某一天，桑德拉正在学校的书店里看书，凯文就这样走进了书店，一眼便看见了正在看书的桑德拉，她那专注而美丽的神情让凯文久久难忘。在植物学的第一堂课上，这两个年轻人便在同一个实验室相遇了。植物学课有讲座和实验两部分内容。桑德拉是那类总坐在第一排的学生，或许因为自己比较娇小，她坐在前排能了解课堂上的一切。凯文走进实验室，一眼便看见了那个书店偶遇的女孩，他想坐到桑德拉身边去，可是已有人捷足先登了，因此他只能坐在那个人的旁边。之后的几个月，凯文和桑德拉逐渐熟悉起来。在第一学年快要结束的时候，两人因为需要一起完成的小组作业而有了更多的接触，那也算是最初的相知吧。他们开始谈恋爱了，在桑德拉的回忆中似乎一切都是那么的顺其自然。

桑德拉在三年的本科学习结束后获得了科学学士学位，之后她用了一年的时间进行研究学习，并要完成一篇研究论文。在那时的澳大利亚，本科结束后那一年的研究学习（Honors Study）主要是为下一阶段的研究生学习做准备的，这种本科后一年的研究学制直到2012年左右才慢慢退出历史舞台。澳大利亚当时乃至现在的学制一直与英国很相似。在那个时代，如果你想攻读博士学位，就需要获得优秀的研究学习成绩或者获得IIA[①]。而在今天的澳大利亚，你可以拿到本科学位和硕士学位后继续攻读博士，硕士阶段的研究学习已然为博士研究做好了准备。当时的桑德拉在结束了三年的本科学习后，第四年主要是接受一些研究训练。她对单细胞生物和寄生学很感兴趣。那个时候的澳大利亚国立大学有三位世界级的寄生学家，桑德拉与其中两位进行了交谈，这两位老师都有研究项目，桑德拉最终选择的导师带领她探索寄生虫研究中一个在当时尚不深入的领域。她需要用兔子进行试验，创建血清和其他东西，桑德拉认为这是一个非常有意思的过程，而她也乐在其中。桑德拉要做的事很多，如她需要修复样本、制作幻灯片、通过显微镜观察其中的组织结构，需要知道如何将生物样本放入蜡中、进行修复，然后切片等等，然而她最重要的任务还是基于自己的一系列研究写一篇研究论文。这一年也让桑德拉开始进入学术领域，她总是待在实验室里或者去研讨会，这是她接受学术训练的开始。

那一年的研究，与学士学位的学习和课程类的硕士学习有所不同，因为那一年让桑德拉正式接触了简单的学术研究过程。至少在这个时候，桑德拉已经跨入了科学研究的大门，后来桑德拉是否

① 一般学生参加本科结束后这一年的研究学习（Honors Study）所获得的成绩可分为四个等级：一级（Ⅰ）为85–100分，即优秀；二级分为两等：IIA为75–84分，即良好，IIB为65–74分，即中等；三级（Ⅲ）为50–64分，即及格；四级（Fail）为50以下，即不及格。

成为了一名科学家呢？在后来的职业生涯中，她并未成为那个领域的一名科学家，也没有在动物学领域继续进行博士研究，以至于后来人们问她最多的问题便是：是否觉得这四年的学习是一种浪费？桑德拉的态度很明确，这绝对不能算浪费，因为科学研究的训练带给她的是严谨的逻辑思考能力。科学探索需要理性思考能力，需要用严谨的逻辑思维能力去分析、辨别研究中遇到的状况。虽然研究学习的那一年非常艰苦，却也让桑德拉作为一个年轻人第一次有了研究的责任感。

研究学习开始于1月，于当年的11月中提交研究论文。在那段时间内，桑德拉研究的是寄生虫，需要做很多别的事情，如需要从动物屠宰场取样。她用了好几个星期的时间每周都去屠宰场，还需要完成几篇小论文。这项去屠宰场的工作是进行深入研究所必需的，对桑德拉来说也颇具挑战性。不过她最终运用正确的方法、严谨的逻辑指导写作，并时刻关注文章的提交期限，完成了这个艰巨的任务。

在后来的回忆中，桑德拉非常感谢大学时期的学习经历，她从中学到的知识让她获益良多。虽然她后来没有从事科学研究，更没能成为科学家，但那个时期她不仅学到了知识，获得了研究成果和陪伴她至今的逻辑思维能力，更多地了解了自己，还学会了如何表述自己的研究所得，学会了如何在有限的时间内完成颇具挑战性的研究任务。从大学的学习和研究中获得的思维方式已然成为她哲学思想的一部分，桑德拉认为，也许这个过程中有你不愿意发生的事情，也许最终谁也不能改变已经发生的事，但你从中学到的东西将伴你一生，让你在需要的时候信手拈来，灵活运用。每个人都应当将所学的一切当作经验，并带着这些收获继续勇敢地往前走下去。

在桑德拉快要结束这一年的研究学习时，凯文第四年的本科学习也将接近尾声。四年的时间，两人从相识、相恋到相知，在大学第四年快要结束的时候，桑德拉和凯文决定要结婚了。那时是1978年，桑德拉20岁，凯文21岁。

回忆起当时结婚的决定，桑德拉觉得那是个顺其自然的结果，从当时的情况看也是个正确的决定。两人对彼此已经有了足够的了解，认为对方很合适自己，双方都希望能够结婚。不过她也提到了一点，就是在那个时代，结婚是一个不太寻常的决定，因为那个时代的年轻人似乎更愿意只是待在一起，却不愿结婚，只有当他们想要孩子时才会考虑结婚。这种情况似乎到了今天依然没有太大的改变（结婚后桑德拉随丈夫改姓哈丁，因此后文改称桑德拉为哈丁）。

家庭·学习·工作

四年的大学生活结束后，已经结婚的哈丁本打算在她所研究的动物寄生学领域继续深造，然而这是否适合自己她并不确定，便决定先去工作一段时间。因为学校不大，哈丁和同学们彼此都认识，对大家毕业后的去向也知晓一二。同学们的工作主要有两个方向：其一为学者，因为这是一所研究型大学，非常鼓励学生走学术道路；其二为从政，因为位于澳大利亚首都堪培拉的澳大利亚国立大学是一所鼓励政治学习的大学，许多同学或校友毕业后进入政府工作。

哈丁和很多同学一样，毕业后去政府工作了一段时间。但一年之后，她又回到澳大利亚国立大学，根据自己的兴趣开始进行硕士阶段的学习，专业为中世纪历史。虽然与本科学习的内容不同，不过哈丁似乎对这个专业更为喜爱，甚至打算继续在这个领域深造。因为是非全日制的学习，哈丁可以一边工作，一边上学。

丈夫在毕业后作为一名研究助理留在澳大利亚国立大学工作，并在该岗位上工作了近三年。1982年初，丈夫在三年的合同将满之时在昆士兰州政府获得了一份工作。丈夫学的是林业专业，昆士兰州政府希望聘请他参加一个特别的项目，这个项目是澳大利亚的昆士兰州政府与中国南方地区合作的林业项目。用哈丁的话来说，这是她眼中昆士兰州政府与中国尤其是中国南方地区合作的最成功的项目之一。在丈夫拿到昆士兰州政府的聘书后，正在堪培拉一边工作一边读书的哈丁决定辞去工作，与丈夫一同前往昆士兰州。

因为哈丁曾在政府工作，在移居昆士兰后，她顺利地在昆士兰州政府找到了工作。此刻，哈丁面临一个选择：究竟是将自己的学业转至昆士兰大学，继续完成中世纪历史研究，还是学习别的专业？因为哈丁在政府工作期间，对政策的制定过程和政府的运行机制充满好奇，她太想了解这些内容了。权衡思索后，哈丁决定向昆士兰大学政治研究系申请硕士学习，专业为公共管理。申请的过程中出现了个小小的插曲。通常，如果你要进行硕士阶段的学习，需要拥有该领域的学士学位，然而哈丁并没有相关学位，但她在政府有工作经验。让哈丁至今都记忆犹新的是，那一日，她来到昆士兰大学，找到政治研究系主任并与他进行了一番交谈。在此之前哈丁已经做了充分的准备，她希望说服主任让自己在没有该领域本科学位的情况下依然能够攻读硕士学位。哈丁条理清晰、引经据典，动之以情、晓之以理，系主任最终被说服了。

20世纪80年代初，哈丁开始在昆士兰大学公共管理专业攻读硕士学位。这一次，也是非全日制的学习，哈丁用了比较长的时间来完成硕士课程的学习。这是个让人愉快的过程，在学习期间，哈丁阅读了更多社会学和市场方面的书籍，也对机构如何工作产生了浓厚的兴趣。她常常问自己：机构究竟是如何运作的？政府是如何运行的？经济是如何作用的？市场是如何运行的？硕士阶段的学习让她对这些内容有了初步的了解。

1985年，在哈丁夫妇结婚七年后，或许因为两人的关系有了一些微妙的变化，又或许因为时间的契机，两人开始时不时地讨论是否要孩子的问题。其实哈丁很早就有要攻读博士的想法，她觉得如果能够先去攻读博士，然后再要孩子，一切都会变得更加简单，然而因为无法说服丈夫，他们决定在那个时候要孩子。

1985年末，哈丁的大女儿出生了。那时哈丁正一边在政府工作，一边在昆士兰大学读硕士。因为孩子的出生，哈丁休产假一年，照顾刚出生的女儿。也正是那一年，她顺利地完成学业，获得了“优秀硕士毕业生”称号。哈丁觉得自己应当回到学术界，回到大学去工作。

1987年初，在哈丁回到政府工作了几个月后，她开始向昆士兰科技大学商学院申请兼职工作，在与学院领导交谈后，他们建议，哈丁可以先在学校里讲一些课，如果哈丁喜欢这样的工作，再决定正式申请职位。如果哈丁觉得合适，可以从1987年下半年开始正式工作。那时的哈丁只希望做兼职工作，因为女儿才出生不久，而且她和丈夫还打算下一年再要一个孩子，所以这样的安排比较妥当。就这样，哈丁一边在政府工作，一边教授一些课程。六个月后，哈丁对学校的工作非常满意，认为这样的工作状态很适合自己。于是，她辞去了在昆士兰州政府的工作。事实上后来回忆起这一段经历，哈丁感到很愉快。这份兼职工作对哈丁当时的状态非常有帮助，她能够在工作的同时有足够的时间照顾女儿。

1988年，哈丁的第二个女儿出生了。她的两个女儿都是在一个学年快结束时出生的，因此哈丁就会有长长的假期，这样的情况颇让人高兴。哈丁觉得两个女儿都挑了这样一个恰当的时间出生，很有意思。当第二个女儿出生时，正是10月底，那时哈丁还在昆士兰科技大学做兼职讲师，因为女儿的出生，她找了一位代替她工作的人，然后利用长假好好地休息，并在第二年开学后又回到学校继续工作。

当小女儿18个月大时，哈丁决定要开始全职工作了。因为她爱自己的工作，永远希望做最好的自己，所以她原先虽然是兼职，但工作状态其实和全职一样。她告诉自己，“我这么努力，值得拿全职的薪水”。于是，1990年哈丁申请并获得了全职的职位。当哈丁开始全职工作后，请了一位女士帮着照顾孩子。早上等这位女士来了，哈丁便去上班。从此以后，哈丁便一直请人照顾孩子，这也帮了她很大的忙。她为女儿请来的照看者都五十出头，一位曾经是教师，最后一位是护士助理。直到去美国之前，哈丁换了三位女士照顾孩子们。她觉得这些女人都是很好的人，在当时也都成为了他们家庭中的一员。哈丁待她们很好，多年以后，她还能够和她们一起坐下来喝咖啡、聊天。

开始全职讲师工作后的第二年，小女儿两岁，哈丁决定要攻读博士学位。

博士梦与美国行

哈丁要攻读博士学位的想法虽然在要孩子之前便有了，但在哪一方面进行深造的决定则是她在政府工作、进行硕士阶段的学习后才真正确定下来的。她那时候的研究兴趣是机构的组织管理，并有意要在这个领域继续博士阶段的研究。最终将决定转化为实际行动，继续在该领域攻读博士，还是她在昆士兰科技大学成为兼职讲师以后。

谈起机构的组织管理，哈丁似乎心仪已久，与此也颇有些渊源。读中学时哈丁是学校的学生代表，参加了戏剧社团，总是忙着组织活动。大学毕业后到政府工作，她渐渐萌发了研究机构组织的想法，之后在这个领域攻读硕士学位，让哈丁爱之更甚。当她进入昆士兰科技大学后，作为一位兼职讲师，年近三十的哈丁也一直被委派做一些与组织相关的工作。这一路走来，哈丁对机构组织的研究兴趣不断加深。后来，他们全家离开澳大利亚，哈丁去了美国攻读博士，在学成归国后她便暗下决心只专注于学术研究和教学，但计划没有变化快，在回国教课几个月后，哈丁又遇到做组织工作的机会，这种变化是当时的她无法预料的。假设当时的哈丁能够全身心投入到学术中，可能又是另一种不同的经历吧。虽然后来哈丁也会做些研究、阅读一些书籍，然而那终归还是和博士期间的潜心研究不一样。这些都是后话。总的来说，哈丁对组织类的工作颇为喜爱，这也为她后来的职业道路做了铺垫。

当时的哈丁决定了博士研究的领域，接下来便是对在哪里攻读博士进行选择。哈丁大学学习的是动物学，属于自然科学而非社会科学。通常情况下，研究更多的是用定量的方法，而社会科学则会更多地用定性的方法。而哈丁擅长的正是定量研究。在澳大利亚，与机构管理相关的研究更加倾向于用定性的方法，而在美国的研究则会更多地用定量的研究方法。因为自己没有社会科学的背景，也为了发挥自己的专长，哈丁希望去美国进行博士阶段的研究。当然除了方法论方面的考虑，美国在这个领域有几位大家吸引着哈丁，哈丁非常希望能选择他们作为自己的博士生导师。哈丁认为，美国的学术培训能够让自己获得较为扎实的学术基础。美国的博士学习分为课程学习、课程考试和论文写作几个阶段，而在澳大利亚则以论文研究为主。

因此，哈丁希望能够选择全日制的学习，而非在职学习，但在美国在职学习恐怕不易做到，情况较为复杂，这就意味着哈丁必须离开澳大利亚三到四年的时间。虽然不知道要靠什么生活、如何应对出现的种种问题，哈丁依然认为，这是自己应当做的事，也希望全家人能够共同面对。她一直相信，如果你决定去做什么，就一定有解决之道。哈丁觉得在家庭婚姻当中，两个人需要同心，如果一个人想的是做这件事，而另一个人想的是做另一件事，那么恐怕会让两人都觉得非常艰难。哈丁就攻读博士的问题与丈夫进行了很长一段时间的沟通。丈夫听到此事后并不反对，哈丁眼中的丈夫是一个务实的人，他与哈丁探讨的并非是要不要去读博士，而是如何才能将一切安排妥当。哈丁认为丈夫和自己一样是充满自信的人，丈夫与哈丁相较，或许更谨慎些，但无论如何，哈丁说服了丈夫和自己一起去美国攻读博士。由于丈夫曾在澳大利亚国立大学的林业专业学习并获得了学士学位，后来到政府参与了与中国合作的林业项目，他非常喜爱这份工作，希望能够在这个岗位上做得更好。哈丁最终说服丈夫进行林业方面的博士研究，是因为丈夫意识到如果他想在这个职业道路上走得更远，博士阶段的研究对他而言不失为一个很好的选择，那样能够让他在这个领域成为专家，让他自己更为专业，也因此能够参与更多的国际项目。

就这样，哈丁和丈夫凯文决定一起去美国攻读博士学位。在筹划未来之时，他们的大女儿五岁，小女儿两岁。虽然夫妻二人一起攻读博士听起来很艰难也很复杂，但哈丁觉得凯文和自己知道彼此都会努力去做，两人可以相互支持，这样反而让事情变得更加容易了。她看到朋友们当中，有的家庭一个人读博士而另一个在家照顾所有事务，哈丁觉得两个人做不同的事才是艰难的，因为在那样的关系中可能会有更多的冲突。哈丁认为他们夫妇在这个问题上处理得很好。

在美国读博的时光让哈丁至今难以忘怀。哈丁就读于北卡罗来纳州立大学（North Carolina State Univevsity），这是一所与业界密切联系的大学，该大学的社会学系中有一些哈丁感兴趣的公共管理研究方面的专家，这也是哈丁最终选择了这所大学的原因。哈丁记忆中的北卡罗来纳州立大学是一个非常美好的地方，在那里她遇见了许多志同道合的朋友，在课程学习的过程中她获得了很好的成绩，她用最短的时间完成了整个博士阶段的学习。

在哈丁的记忆中，待在美国专心致志地攻读博士是他们那时必须完成的任务。所以到达美国以后，四年里他们没有回过一趟澳大利亚。在美国学习的几年中，就像其他博士生一样，哈丁在做自己博士项目的同时，也做一些助教、研究助理的工作。尤其到了她攻读博士的最后一年，她还给一些本科生上课。此外，哈丁没有做与自己的研究不相关的工作。她认为自己需要以最快的速度完成学业。哈丁觉得自己或许是那所大学有史以来最快毕业的博士生。她开始攻读后的目标便是，如果可以的话，要用3年半的时间完成学业。因此，第一个学期，哈丁选了很多课，比一般的选课量要大，那一段时间非常艰苦，不过却很有意思；第二学期，她选了一般的课程量；第一个暑假，又选了两门课。因此哈丁用最短的时间完成了课程学习。根据学校的规定，在完成课程学习后，学生需要参加统计方法和统计理论的综合考试，还有两门专业课考试，其中一门专业课可以用论文代替，因此哈丁提交了一篇论文。但统计方法考试必须及格，否则就要退出博士学习。大多数学生会在三年的课程学习后参加考试，而哈丁是在入学18个月后参加的，并取得不错的成绩。考试结束，哈丁便主要致力于那篇替代考试的专业课论文的写作，主题是种族性别的公平。写完论文，哈丁参加了综合考试和组织社会学的考试，也就是另一门专业课的考试。哈丁在既定的时间内完成了课程学习，并获得优异的成绩。她的学习成绩和完成学业的速度不仅证明了她的用功努力，也展示了她对学业安排的科学管理能力，虽然她自己丝毫没有意识到，但这或许就是她踏入职业道路前的一次大练兵吧！

北卡罗来纳州立大学[①]

哈丁为什么会定这样艰苦的计划，在如此短的时间内完成博士阶段的学习呢？哈丁当时想，一方面自己可以做到；另一方面，因为要到美国攻读博士，当时还是讲师的哈丁获得了昆士兰科技大学的安置费资助，且为她保留了当时的讲师职位，在哈丁最后一年在美国学习时，学校还给予她一定的资助。那时，学校在哈丁离开澳大利亚前告诉她，虽然她报批的时间为三年半，不过如果有需要，她也可以延长时间。学校在给了她一些资金作支持后告诉她，如果她到时不能回去工作，也没有关系。因此，哈丁对学校无疑是充满感激的，同时这也坚定了她的信念：一定要在三年半的时间内完成学业回来工作。自信与合理的学习安排，加之她的发奋努力，使她以最快的速度完成了博士学习。

在美国不到四年的时间里，每一天都是漫长却又无比忙碌的，不过哈丁觉得忙碌是她的个性，具体在忙着做什么并不重要，重要的是一种忙碌的状态，她觉得有忙碌的父母就会有忙碌的子女，她

① 图片来源：北卡罗来纳州立大学官网http://www.ncsu.edu/about-nc-state/campus-tour/index.php? title=Learn&set=72157631323080424，2013年11月7日。

在忙而有序的生活中也为女儿们树立了榜样。

哈丁一家在美国生活的几年，对于女儿们来说也是非常宝贵的经历。她们一家在美国也会出门旅行，因为哈丁想让女儿们拥有这样的经历，既然她们到了一个不同的国家，就应当去许多不一样的地方，见许多不同的人。有的人到一个新的国家，会认为许多方面并不尽如人意，他们总是带着怀疑的眼光去面对。哈丁希望女儿们知道带着怎样的心态、如何正确地去看世界，她要让女儿们看到这个世界是多么让人惊奇、多么美妙、多么具有挑战性。哈丁的这种对于事物充满好奇与喜爱的态度来自于其父母的言传身教。同样，哈丁把对生活充满热爱的态度、对不同事物的好奇心、对不同观点的包容与理解潜移默化地传给了女儿们。

应该说这段日子虽然忙碌，哈丁一家却安排得很好，他们夫妇也没有因为需要照顾孩子们而太过分心。他们是幸运的，到美国后的第一个月，他们就遇到了一对刚结婚的年轻夫妇，这对年轻人正在蜜月旅行，并且最后要去的正是哈丁攻读博士的大学所在地北卡罗来纳州。这对年轻人中，丈夫在攻读博士，妻子利兹受过早期儿童教育培训，是一位幼儿园老师。因为丈夫拿的是学生签证，她在美国不能工作，见到哈丁一家后她决定帮哈丁夫妇照顾他们的孩子，她也算找到了一些事情做。这是一对很好的年轻人，后来生了一对双胞胎，哈丁夫妇对他们也很友善，即便到了今天，两家的关系依然如故。就这样，哈丁的两个女儿开始由利兹全天照顾。哈丁夫妇会四点回家，因此利兹只需照顾两个孩子到四点。暑假时利兹也会来照看孩子们，接她们放学回家。有人帮忙照看孩子让哈丁夫妇可以安心做研究。

哈丁一家每天的作息时间很有规律。一大早哈丁便会起床，不过丈夫似乎比较爱睡懒觉，早上起床后，哈丁便洗漱并为去学校做好准备，利兹则会来家里照顾哈丁快三岁的小女儿。因为大女儿已经开始上幼儿园了，夫妻二人会将大女儿送到幼儿园，然后一起去大学，并在学校里待到四点。利兹下午准时去接哈丁的大女儿安德罗尼卡回家，夫妇俩也会四点回家。四点到七点全家人会去游泳，或者一起去做些什么，吃完晚餐，孩子们7∶30睡觉，哈丁和凯文会继续工作到半夜12点或者凌晨1点。在美国的四年一直如此，他们很好地安排了时间。哈丁全家都深深地记得那段充满了美好回忆的日子。

重返澳洲

哈丁从美国学成归国是1994年底，为的就是能够赶上第二年学校的第一学期开学。这一年的圣诞节前后，丈夫仍在美国攻读博士，还需要5个月的时间才能完成他的博士学习，哈丁决定先带着孩子们回澳大利亚，这样6岁和9岁的女儿就能够在第二年的2月——新学年伊始开始她们的学习，这比她们中途回来插班上学要好得多。因此新学年学校开学，哈丁便开始了工作。新年假期后的第一个工作日，哈丁来到久别的昆士兰科技大学位于市中心的校区。那时，系主任还在放假，学院院长是新任命的，这个月末才会到任，不过其他的教师们都开始上班了。哈丁去办公室做了自我介绍，表示自己在海外留学几年，现在已经回国，应当从这一天开始工作。然而在场的人没有听说过哈丁，也没有为她准备好办公室，或做其他任何准备。学院领导不在，没有人可以询问，于是哈丁表示，自己可以先回家一个星期，下周一会回来，而这一周的时间学院也可以考虑怎么做，有些什么需要做的，或许可以给她一个办公室。说完哈丁便离开了。

这个插曲倒也为哈丁又争取了一周的时间，将去美国前出租的房子整理妥当，并为女儿们购买校服等等，这一个星期对哈丁来说也是非常好的休整时间。接下来的周一，哈丁回到学校，有了自己的办公室，新院长也已经到任。于是哈丁希望能够约见院长，向他介绍自己。

昆士兰科技大学的商学院是个规模很大的学院，在哈丁后来成为院长时拥有的学生人数为7000名，此规模甚至超过了当时澳大利亚规模较小的大学，因此院长的职位是非常重要的。学院中有商贸项目、会计、金融、经济、管理、营销、传播等八个系，哈丁所在的是管理系。哈丁来到学院办公室，表示希望能够约见院长，工作人员告诉她，院长还未正式开始上班，且他非常忙碌，约见恐怕比较难。哈丁觉得或许他们是不会让自己见院长的，只能等待。哈丁在等待中得知，开学仪式结束后，院长会参加一个讲座，她觉得自己也应该参加这个讲座，不过那时的哈丁甚至不知道院长的长相。等讲座结束，哈丁上前对院长进行了自我介绍，说自己叫桑德拉·哈丁，刚从美国留学归来，自己已经做了些什么，很高兴能够来到这个学院，很乐意为之效力诸如此类的话。第一次交谈是让人愉快的，哈丁觉得院长是个很随和的人，当然她自己也给院长留下了印象。之后哈丁便在昆士兰科技大学开始了讲师的工作，那时是2月。不久，哈丁晋升为高级讲师。

到了1995年4月，新院长希望能将整个学院中的八个系合并为六个，于是他暂时免去每个系主任的职位，临时任命了一些新的系主任，进行约一年的工作，院长则会在这一年的时间内招聘新的系主任，之前任职的系主任都能够申请，但并不保证能够上岗。院长给哈丁打电话，询问她是否愿意成为管理系的执行系主任。那时的哈丁从美国回来不过数月，或许因为刚结束博士研究不久，她给自己的安排只是从事教学与研究的工作，暂时没有做管理工作的打算。接到院长的电话后，可谓一石激起千层浪，哈丁在接下来的24个小时中，独自一人埋头思考。因为那时丈夫还在美国，哈丁也没有机会和丈夫商量，当时的国际长途很贵，两人一般用电子邮件通信，不能常常和丈夫打电话。哈丁回忆说，这是她没有做好思想准备的管理工作机会，虽然对管理工作也颇为喜爱，但自己毕竟没有实际的工作经验，而且系里有许多更资深的教授，不但更年长，而且有更多的经验。哈丁反复地权衡了自己所学的专业、自己的喜好与个人情况等各种因素，认为自己在管理的岗位上应该能够发挥专长、有所作为的。她告诉自己，如果一个机会放在自己面前，即便这是个颇具挑战性的机会，自己不抓住它是不对的；而且所有的领袖都会有做决定的时刻，如果自己决定去做，就要从这个职位的角度出发去思考问题，相信自己一定可以做得很好。于是她秉持“有了想法就要去实践”的一贯信念，最终作了决定。她给院长打电话，表示自己愿意接受这个职位，做临时的执行系主任。那时的哈丁37岁，很年轻。

虽然已经向院长回复了，思想斗争却还在继续。回复后的那个夜晚哈丁记忆犹新。那是个不眠之夜，哈丁不断地问自己，要是自己不能胜任该如何是好？她也不断地鼓励自己，多年的学习、多年的努力、多年的积累已经为自己打下了良好的基础，这是一个多么好的学以致用的机会啊。她一直相信自己可以做好任何想做的事，她已有的人生经历便是如此，她还真没有在将想法付诸行动后做不成的先例呢。

后来回忆起来，哈丁很自豪自己当时做的决定。她那时感到，领导岗位与其他的岗位是不同的，每个身在教育领导岗位的人，其所思、所想、所为都要服从于职位的需要，她要带领全系人员完成拟订的教育目标，责任重大。哈丁就这样开始了商学院管理系执行系主任的工作，并在一年后正式成为系主任。哈丁的工作是忙碌的、认真的，她做出的成绩和工作中表现出的管理能力让院长都看在眼里。

三年后，也就是1998年，当院长离任时，哈丁被任命为昆士兰科技大学商学院的院长，并同时成为社会学的教授，因为教授职称与商学院院长的职位挂钩。那时，哈丁40岁，是一位非常年轻的院长和教授。

在澳大利亚，女性担任商学院院长的实属凤毛麟角。第一位来自新南威尔士州的卧龙岗大学，哈丁则是第二位女性商学院院长。她觉得自己能够被任命为院长是很幸运的，并在这个职位上工作了6年。

当哈丁成为院长后，她了解到其他学院的院长们都会有一个社团组织，如医学院院长组织、工程学院院长组织、科学院院长组织等，大学中这些学院的院长们会聚在一起开会，讨论共同关心的问题，并与政府共同解决政策问题。哈丁发现只有商学院的院长们没有自己的组织，无法聚在一起探讨和解决遇到的问题和困难，这有点太不可思议了。虽然各位院长之间、各个商学院之间会在市场上有一定的竞争，不过也有很多方面是大家可以协同合作的。因此，哈丁联系了商学院院长中最资深的一位，表示她希望能够牵头成立这样一个组织，这个想法得到了这位院长的支持。哈丁获得肯定后，开始给澳大利亚所有大学中商学院的院长们写信，信中写道：自己有这样一个想法，一定有一些方面是大家可以合作的。如果政府希望发表一份关于商科教育的声明，他们却不知道应当找谁，他们可能随机地询问某一个他们认识的院长，但却无法听到所有院长作为一个整体的声音。哈丁在信中询问各位院长是否有兴趣聚在一起共同谈论是否有必要建立一个院长委员会或理事会。让哈丁高兴的是几乎所有的院长都表示对此很感兴趣。于是哈丁开始准备召开一次会议，表示感兴趣的所有院长都出席了这次会议。

哈丁对这次会议作了比较精心的准备，她从交通方面考虑，为了方便人们出席，将会议安排在悉尼。她还安排了一位圈内的名人——约翰·里德——当时新南威尔士大学澳大利亚管理研究院的执行主席出席此次会议。约翰·里德的家族为澳大利亚作出了很大的贡献，他和他的家族都是经济领袖，他们在澳大利亚的历史上都占有重要的地位，也给社会贡献了许多，这是个非常慷慨的家族。哈丁是认识约翰的，她给约翰打了电话，询问他是否愿意来参加这次会议前的晚宴，并发表讲话。哈丁不希望大家在开会当天早上才到，而希望大家能够前一天晚上到达，以晚宴作为整个会议的开始，这样便能够在晚宴时进行一些讨论，然后第二天正式开始会议讨论。因此哈丁询问约翰是否能够出席晚宴，还询问他对于建立这个商学院院长组织有什么意见。约翰表示赞同，并出席了晚宴，因为约翰的声望，大家也都赶来参加。第二天会议顺利召开，院长们共同决定要成立一个理事会，并将该组织命名为澳大利亚商学院院长理事会，相关的细节筹备问题和理事会的章程都在此后进行的一次会议上敲定。哈丁被选举为第一任主席，任期两年——哈丁认为这个任期长度非常合理，这样理事会的领导层就可以不断有新鲜的血液进入。哈丁的继任者是时任悉尼大学商学院院长彼得（Peter W. Wolnizer）。对于哈丁而言，建立这样一个理事会是一件非常重要的事，既然觉得重要，就应当去实现它，而哈丁也的确这样做了。

除了参加这个理事会，哈丁在院长的岗位上兢兢业业地工作着。这六年的院长工作，哈丁可谓如鱼得水，对工作的热爱和治理学院的成果，大家亦是有目共睹。鉴于哈丁的管理能力和人们对她的认可，2004年，她被任命为昆士兰科技大学副校长。

副校长的工作与院长的工作当然是有所不同的。哈丁借用自己很喜爱的中世纪历史做了这样一个比喻，成为副校长后就好像进入了一个统治法庭，你是制定政策者中的一员，你是个有影响的人；你通常会负责大学中的一些事务，但你并不一定有直接的权力去改变在一个学院或者系里发生的问题，因此你的工作其实是为校长提出建议，你的工作是说服和影响。哈丁负责的是大学的外事工作和国际运营，主要与国际相关，具体包括与大学国际运营方面的负责人探讨需要做的工作，然后协调学院的配合执行。因为副校长这个职位与院长很不同，哈丁学到了许多与之前不一样的技能，也收获了在高等教育机构中任职最高管理层的工作经验。

詹姆斯·库克大学第一位女校长

在哈丁还是昆士兰科技大学副校长时，她就知道自己已在许多大学的校长招聘小组的候选人名单上。这个名单是这样的，每所大学在需要寻找下一任校长时都会成立专门的招聘小组，小组会将合适的人选列成一个名单，如果你在这个名单上，他们就会打电话给你，告诉你这里有这样一个职位，询问你是否感兴趣，不过这并不说明你就能够获得这个职位。在哈丁担任副校长第三年时，她接到了这样的电话，而此时哈丁也开始认真思考自己所面对的工作机会。在那时的澳大利亚只有39所大学，因此只有39个成为校长的工作机会，有许多优秀的人都可以成为校长，但有时因为时机不对，有时因为大学不合适，他们可能就得不到这个职位。当詹姆斯·库克大学出现时，哈丁告诉自己，这是一所非常独特的大学，她对这所大学有所了解，也看过一些这所大学的资料。詹姆斯·库克大学是世界领先的关注热带地区的机构，环绕大学的是潮湿的热带雨林、干燥的草地和标志性的大堡礁等壮观的生态环境，学校独特的地理位置让澳大利亚国内和国际学生能够在这个多样化的环境中学习，这是其他大学无法比拟的优势。哈丁非常希望能有机会带领这所大学发挥它的特长，让大学不断发展。

在澳大利亚的大学中，校长是为大学的董事会工作的，而董事会则是由董事长主持的。董事长没有薪水，是一个社区职务，是志愿的，董事会中的每个人都是如此。在整个澳大利亚，只有维多利亚州的情况不同，大学董事会的成员会拿工资，其他的所有大学都

詹姆斯·库克大学[1]

不是如此。董事会的成员会自愿地贡献他们的时间和专长，他们当中有会计、律师等，他们主要帮助监管大学的治理情况。哈丁在任时的董事长约翰·格雷是一位中将，他曾是澳大利亚陆军司令。哈丁的父亲曾在军队服役多年，哈丁儿时心目中的军人都是非常好的人，或许有人会觉得军人与普通人不同，很严肃，也不讲情面，但哈丁心目中的军人通常对人都是很友好的，这位董事长在哈丁眼中便是如此。董事长格雷当时是詹姆斯·库克大学校长选拔委员会的主席。委员会中有很多董事会成员、一些教师和一些学生。

哈丁认为，当时董事长非常坚决地希望任命最好的校长候选人，他没有考虑到性别的问题，对此哈丁觉得十分感恩。

2006年8月11日，詹姆斯·库克大学董事会任命哈丁为校长，

① 图片来源：詹姆斯·库克大学官网http://www.jcu.edu.au/cgc/BCPhD.html

将于2007年1月上任，接任在2006年年底退休的前校长穆尔登（Bernard Moulden）教授。董事长格雷中将对哈丁表示了祝贺。

詹姆斯·库克大学校长桑德拉·哈丁[①]

其实，校长的选拔是非常严格的。成为校长候选人后，还要历经学校的教师、所在社区的评选，参与各类论坛发表演讲，接受大家的审视。哈丁在成为候选人后又经历了七场在詹姆斯·库克大学凯恩斯（Cairns）和汤斯维尔（Townsville）校区举办的由普通教师们参加的论坛，并在论坛上作了演讲。在这七轮选拔性的论坛结束后，教师们可以对各位候选人进行评价，评价的截止时间为推荐校长人选的那天下午两点。凯恩斯和汤斯维尔社区中有许多重要人物也曾参加一次晚宴，对候选人给出评价性意见。董事会认真考虑了那些论坛中来自教师的反馈、评论或信函中的意见，也考虑了社区领导的意见，哈丁最终从几位候选人中脱颖而出，董事会全票

① 图片来源：詹姆斯·库克大学网站http://www.jcu.edu.au/vc/public/groups/everyone/documents/webgraphics/jcuprd_050271.jpg

通过对她的任命。董事长格雷中将认为很少有其他大学能够像詹姆斯·库克大学这样公开地选拔，让教师们去聆听校长候选人的理念，并面对面地提出问题。他相信通过这样的选拔过程产生出来的校长哈丁是非常适合这所大学的，也能够带领大学克服今后可能会遇到的困难，在研究和教学领域获得更大的成功。詹姆斯·库克大学不仅在昆士兰北部地区有着举足轻重的地位，而且也是世界上著名的研究机构，他相信哈丁能够将她丰富的经验带到她的工作中去。

能够被任命为詹姆斯·库克大学的校长，哈丁感到自己非常幸运。她认为詹姆斯·库克大学是一所关注地方、有明确自我定位的大学，这所大学应当对其所处的地理位置和大学本身的未来充满自信。她非常期待与家人一起移居昆士兰北部接受任命，期待能够发挥大学的优势，为该大学和更广泛的社区作出贡献。

詹姆斯·库克大学虽然很年轻，却是澳大利亚昆士兰州建立的第二所大学。50多年前，在这个地区掀起了激烈的争论：究竟应当将昆士兰州的第二所大学安置在什么地方？最后它被确定在汤斯维尔市。原本学校是选址图文巴市的，可汤斯维尔社区指出了一个重要的问题，就是汤斯维尔与图文巴相比，离该州第一所大学昆士兰大学的所在地、该州首府布里斯班市更远，更难到达，于是汤斯维尔校区就这样被选定了。1961年，它作为附属昆士兰大学的学院开始在汤斯维尔市开设课程，时称汤斯维尔大学学院。1970年4月20日，该学院脱离昆士兰大学，成为一所独立的大学。独立仪式在汤斯维尔举行，那天女皇伊丽莎白二世、菲利浦王子和安妮公主来到校园参加了签署仪式，由女皇签署公告。这个仪式也同时纪念詹姆斯·库克船长带领皇家舰队200年前第一次登陆澳大利亚，学校名称也由此而来。哈丁后来曾和现在已经80高龄的建筑设计师吉姆聊天，吉姆告诉她，历史上只有三所大学曾获得皇家的签署仪式成为大学，那就是牛津、剑桥和詹姆斯·库克大学。

自从1970年成为独立大学以来，詹姆斯·库克大学扩展成为多校区的机构，主校区除了汤斯维尔市，还有位于热带的凯恩斯市和新加坡的校区。詹姆斯·库克大学的凯恩斯校区是在20世纪90年代该大学开始强调在凯恩斯地区的重要性时建立的。之后，新加坡校区于2003年建立。该校区最初并未大张旗鼓地独立办学，而是选取了一个新加坡政府的分支机构作为伙伴进行合作办学，这样主要为了能够慢慢地建立起大学在该地区的声望、吸引学生。詹姆斯·库克大学非常谨慎地选择新加坡校区的项目，其中最著名的是心理学专业，现在已经办得有声有色了。因为许多大学在东南亚和北亚开设与信息技术相关的专业，而研究精神疾病和精神健康问题的专业在亚洲还没有普及。因此詹姆斯·库克大学在那个地区选择开设和心理学相关的专业，不仅竞争的学校较少，也是市场的需求所在。詹姆斯·库克大学新加坡校区的心理学专业颇受欢迎，有1000名左右的学生，因为最近该校区已经无法容纳这么多学生，学校打算迁往新的校址。在新加坡，也有一些澳大利亚的大学在教育领域占有一席之地，不过它们一般以特许经营的方式运作，现在有一些学校也开始参照詹姆斯·库克大学新加坡校区的运营模式，在当地找到合作伙伴共同办学。不少大学正在努力进入亚洲市场，但可以这样说，詹姆斯·库克是一所唯一在新加坡有从事研究的澳大利亚大学。

从此，该大学开始成为活跃的多校区大学，拥有19000名学生。除以上三个校区外，詹姆斯·库克大学还陆续在其他几个地区设立了小型的研究中心，并在布里斯班市也设立校区，由一个私有提供商——俄罗斯高等教育机构运营，这个校区的学生来自不同的文化背景，学校拥有多元文化的大环境，能够让学生们有不一样的体验。

整个大学的本科和研究生课程跨艺术、商科、创意艺术、教育、工程学、法律、医学、健康科学、信息技术、社会科学和海洋生物。学校的目标是将毕业生培养成拥有合格资质和技能的国际劳动力。詹姆斯·库克大学认为自己有特别的义务与所在的社区紧密联系，希望能够致力于保证高质量的教育、学习和研究，并为该地区的人们和产业提供切实的利益，融入到昆士兰北部地区的经济与社会结构中去[①]。建校之初在教学与研究方面遵从了传统模式的詹姆斯·库克大学现在已经成为现代的、活跃的、拥有全球视角的大学。该大学的毕业生在澳大利亚乃至世界上许多较为高层的岗位工作，该大学的研究也获得了国际声誉。

在詹姆斯·库克大学，哈丁是第一位女性校长；在昆士兰州，她是第二位女性校长。昆士兰州共有九所大学，有一位女校长曾是中央昆士兰大学——一所规模较小的大学的副校长，在学校非常困难的情况下当选校长，任职两年。而哈丁是第二位昆士兰州的女校长，也是昆士兰州大学历史上第一位后来获得连任的女校长。作为一位女性校长，工作中还是会有特别的感触。哈丁幽默地表示，自己从没有体验过男性是如何处事的，所以并不是十分清楚他们究竟是怎样的状况。不过不时地会有人对她的女性身份感到非常惊

① About James Cook University, http://www.jcu.edu.au/about/index.htm, accessed July 25, 2013.

讶，即便到了今天依然如此。例如有一次哈丁在机场打算用电子客票登机，那时是一位男性的机场工作人员服务，哈丁告诉他自己是哈丁，他却抱歉地表示他们没有哈丁的预定。哈丁说她非常肯定是有的，因为自己的办公室安排了这次旅程。这位工作人员感到十分困惑，并进行再次查询后问她，这里有一位哈丁教授的预定，不知道那有没有可能是她，哈丁给予了肯定的答复。

虽然时常会有人觉得哈丁作为一位女性的教授和校长有些奇怪，不过哈丁并不十分介意。她待人非常有礼貌，她尽量关心教师和学生，从不高声呵斥，不过哈丁认为那是因为她性格便是如此，这有时会让人产生误解。因此哈丁偶尔需要告诉别人，不要将礼貌误解为软弱。哈丁作为一位校长，自然会面对许多两难的选择，这就是她的工作。虽然要做决定并不容易，不过哈丁选择了尊重他人的礼貌方式。她认为无论说任何事，都可以以一种恰当的口吻和声音去表达，包括传递让人非常不愉快的信息，只要选取尊重和礼貌的方式，人们就可能会接受。

在开始校长的工作后，哈丁发现自己对过去的所学有了全新的认识和思考，这些也在她的管理工作中发挥了巨大的作用。尤其是博士阶段学到的知识，对她来说颇有帮助。哈丁的博士专业是组织社会学，主要关注的是组织如何运作，市场、经济、政府如何运行等，她在校长这个负责管理的职位上，尤其能够学以致用。以詹姆斯·库克大学为例，在澳大利亚，这是一所中型的大学，每年的收入为数百万澳元。该大学拥有4600名职工，19000名学生，拥有汤斯维尔、凯恩斯和新加坡三个校区。哈丁认为自己是幸运的，她在任职期间，就像是一位首席执行官（CEO）、一个拥有数百万资产的机构的行政总裁。她在博士阶段对组织如何运作的研究对她的校长一职大有帮助。她认为没有什么经历会是一种浪费，即便是教训，依然能让你有所收获。哈丁觉得自己不仅从自己的，也从别人的经历中学到很多。

哈丁在开始任期后，进行了一次员工意见问卷调查，希望通过这个调查对大学有大致的了解。调查的内容包括人们对他们的工作、工作量有什么想法，对学校有什么想法等。这个调查的结果于2007年第二学期公布，学校根据调查的结果，对各方面作了相应的整改。哈丁就这样开始了她在詹姆斯·库克大学的校长工作，把学校全体人员的希望和要求与学校的发展目标结合起来，以这个调查作为一个好的开始。在哈丁的带领下整个学校齐心协力地朝着健康的、充满活力的方向发展。作为校长，哈丁感到每一天都是一种享受，她爱她的工作，她觉得她的心每一天都在唱歌。哈丁上任的第一年是十分忙碌的，她的工作也是有成效的，在继续发挥独特的优势进行世界水平的研究方面、在获得良好的学生学习成效方面、在实践服务社区的责任方面都有所收获。

2008年1月24日，新年伊始，哈丁创建了一个崭新的沟通平台——詹姆斯·库克大学校长的博客。哈丁在第一篇博文中向大学预祝新的一年能够工作顺利，对已经开始的新生入学工作做了简单描述，并对新的一年提出期待和憧憬。她希望以博客为平台，让大家能及时了解大学所面临的问题和正在发生的事情。她向大家公布了自己的邮箱，方便大家发表意见或者提出建议。之后哈丁开始每个月至少发表一篇博文，和大家分享大学正在发生的动态信息，公布校长的具体计划等等。2009年11月2日，哈丁的博客搬了新家，地址迁移到詹姆斯·库克大学自己的网站上，无论有多忙，她都会尽量保证每个月写一篇博文。2010年2月18日，哈丁有了一个新想法。她在纯文字的博文外还玩儿起了播客，也就是将博文的载体从文字转变为视频，让大家能够“眼见为实”。

从哈丁的视频博客中，人们能听到她的讲话、看到她的影像、感知这位充满创意和责任心的大学女校长为学校的发展所做的点点滴滴。在转变为视频的形式后，哈丁也开始在视频中增加校园中发生的时事新闻，让她的博客变得内容更丰富、形式更生动。哈丁建立博客的举措在促进校方与学生和教师们的联系方面取得了很大成效，增进了双方的密切联系，并提高了学生与教师参与学校健康发展的积极性。哈丁有时会在这个平台上邀请学生与教师们积极参与一些活动，有时会发布学校的庆典盛况和宣传片，有时还会在视频中为自己工作太忙而迟到表达歉意，哈丁在视频中表现出的真诚与谦逊让人印象深刻。视频每一到两个月中至少会有一次更新，哈丁也会通过各种渠道获得老师和学生们对博客各方面内容的反馈。2011年初，哈丁用了较长的时间对博客视频中存在的技术方面的问题进行处理，因为视频与文字不同，会面临更多技术性的问题，有时视频的音质与画面并不那么清晰，哈丁此举希望能够确保视频的质量，让大家能够心情愉快地观看清楚的画面、倾听顺畅的声音，从而保证视频能准确地传达她希望传递的信息。哈丁在这个校长博客中每月向师生报告，并获得反馈意见，根据意见进行内容方面的改进，让这个博客成为名副其实的沟通平台，在哈丁和学校的老师与学生之间建立起一座桥梁。这座桥的作用很大，它让校长与学生和教师们之间没有了距离与阻隔，让哈丁走入大家的心中，让信息传递到每个人，也让每个人能够了解学校的管理层正在发生着什么，让大家与校长零距离接触，共同治理他们的校园。①

哈丁认为，一所大学是创新的土壤和催化剂，是产生新知识的温床，是培养人才的摇篮，也是各种不同领域的专业机构的伙伴，更是为所在社区服务的部门。然而为了做到这些，学校要保证管理好整个机构，从而将资源应用于恰当的领域，让学校的科学家们能够自由发挥，不要考虑很多研究和教学以外的其他因素，能够专心做研究。因此，哈丁认为大学的有效管理和人们能够自由发挥创造之间没有必然的冲突，大学还可以被称作让自由教学与研究成为可能的机构。哈丁觉得，作为一名管理者，只要你能够以一种负责任的方式管理机构，对机构的财务状况负责，并坚持机构的核心理念和追求，就能管理好这个机构。对于大学来说，如果只做到正常运营算不上很好，在正常运作的同时还能为社会提供利益、服务社会，那才能算得上好，因为那不仅是大学的责任，也是大学的运行基础，只有这样，学校最终才可能获得公共基金或者私人基金的支持，形成良性循环。因此经济与社会效益应当兼顾，缺一不可。

在某些领域，高等教育机构的规模和数量受到限制，有一些专业，如果生源不多，那么这些专业就可能被裁去。这也是詹姆斯·库克大学遇到的问题，由于政府在经费支持方面的缩减，大学需要将经费来源多元化，向那些获益于大学的人们寻求经费支持。同时，詹姆斯·库克大学也在增加一些领域的对外评估项目作为大

① 参见哈丁的校长博客：http://www.jcu.edu.au/blogs/vc/

学的资金来源，另有一些资金来源于教学项目。

地球科学中的地质学是詹姆斯·库克大学的专长领域，从这个专业毕业的学生有时能获得很高的工资，也有很多工作机会，然而这个专业依然生源不足。哈丁觉得信息技术产业面临的也是类似的问题，这不得不说是一个矛盾。幸运的是，虽然在全国范围内这个专业的发展受到了限制，但该大学地处资源丰富的地区，又与当地的许多相关企业关系良好，获得了它们的鼎力支持，这个专业也成为该大学的重点发展专业。哈丁认为，大学需要保证在这个领域有所发展，因为只有这个领域充满活力，他们才能够发展得更好。哈丁同时希望，詹姆斯·库克大学能够发展更多的热带项目，并在澳大利亚的大学中成为人文和社会科学领域的标杆。

对于生源问题，詹姆斯·库克大学面临的一个挑战是鼓励学生去选择类似地质学等专业，不仅仅因为这些领域的劳动力资源不足且有利可图，同时也因为这些领域对国家、世界乃至人类的发展都有着不可估量的价值。不过，如果等学生读到中学11或12年级才去做工作，那就已经太迟了，所以该大学已经开始考虑到小学和初中去鼓励学生学习恰当的科目，以这些科目引导他们将来研究的领域，走进科学和技术的殿堂。该大学和其他大学一样拥有各种衔接课程，帮助那些想要有不同选择的学生，补充他们可能没有准备好的知识，鼓励学生在教育年限内认真地思考将来从事科学和技术领域的职业。

詹姆斯·库克大学和其他所有的大学一样拥有市场营销的平台，鼓励人们来这学习。但它并没有花太多的精力吸引国际学生，因为对于那些对热带世界感兴趣的学生来说，詹姆斯·库克大学开设的生物学、物理学、社会学等专业都与学校关注热带的特色相关，这种特色本身对学生而言就是颇具吸引力的。学校努力保证学生能够意识到自己可以选择各种不同的专业领域、在很好的地区学习。詹姆斯·库克大学是一所中型的大学，班级相对较小，无法容纳太多的学生；但好处是，在一所中型规模的大学中，你会比在大规模的大学中更有机会与学校各个层级的领导零距离接触，许多问题能够快速有效地获得解决。

詹姆斯·库克大学有很多来自世界各地的学生，主要来自美国和南美洲，而其他大学的国际学生往往来自中国、印度、东南亚地区。哈丁认为该大学应当做一些工作让更多地区的国际学生加入。来自南、北美洲的学生选择该大学，很多是对热带、热带科学和热带医学感兴趣。因为该大学地处热带，是天然的热带研究实验室，又在位于大堡礁的奥菲斯岛（Orpheus Island）上设有研究站，对国际学生来说是个很有吸引力的地方。

通常，如果一所大学地处远离首府城市的地方，它会是给所在地区的学生提供学位的主要教育机构，但詹姆斯·库克大学除了提供学位外，在研究方面也有专长。这其中很重要的原因是，该大学在建校之初，是根据传统大学的模式、作为准备升级为大学的附属学院的形式建立的，既有教学项目也有研究项目。一般的地方高等教育机构可能在最初是一个教学机构，然后开始转向研究，而詹姆斯·库克大学因为历史不同，从很早开始便注重研究，并且到今天依然坚持着教学与研究并重的传统。正是这种对研究的重视，吸引了许多著名的学者参与到该大学的队伍中来。

在这所大学里有许多著名的学者、教授，哈丁觉得他们来到这里是因为他们能够理解这些领域的重要性。不过，与许多国际学者相比，詹姆斯·库克大学需要更多地鼓励某些澳大利亚学者加入进来，因为他们中有很多人并非来自北昆士兰地区，他们往往对这个地区保持着20年以前的刻板印象，事实是这些刻板印象并不能代表该地区今天的社会和经济活力。因此该大学也一直鼓励人们来学校走一走、看一看，在了解学校和该地区方方面面实际情况的前提下最终决定是否进入詹姆斯·库克大学。这便是该大学吸引人才的方式。

哈丁作为校长主要的时间都在汤斯维尔、凯恩斯和新加坡，也就是詹姆斯·库克大学的三个主校区；她也会经常去布里斯班，因为詹姆斯·库克大学所在的昆士兰州政府就在布里斯班市；当然还有堪培拉——澳大利亚的首都，哈丁会经常与政府沟通，因为她觉得与官员们进行对话非常重要，与政府的普通工作人员交流也很重要。与他们谈论詹姆斯·库克大学在做些什么、这是个什么样的大学，从而不断提醒人们，让人们知道有这样一所大学在做着一些不一样的事情。

哈丁在治校方面的努力是有成效的。澳大利亚联邦政府主管大学和研究、科学、创新的教育部部长2012年7月初在纽卡索市举办的一场会议上所作的主题发言中表示，澳大利亚的大多数大学就像白面包一样，互相之间都差不多，除了詹姆斯·库克大学。哈丁觉得欣慰的是，在自己带领下的詹姆斯·库克大学所做的努力得到了部长和其他人的理解和认可。

哈丁的理念

哈丁从硕士阶段就开始了解机构管理，在博士阶段更是深入研究，后来成为机构管理方面的专家。她的所学和多年来在院长、副校长职位上的工作经验相结合，帮助她能够在校长的工作中游刃有余。她在任职校长的同时，根据自己在管理方面的心得，继续做着与机构相关的研究，并发表了一些研究成果。发挥专长、学以致用的哈丁在治校的过程中有着自己的理念和坚持，这其中涉及了机构、排名、地区等问题。作为校长，不仅要致力于学校的发展，更要关注变化中的社会环境给学校带来的影响因素，包括社会上掀起的学校排名之风、对高等教育机构发展进行的探讨、对大城市中的大学与地方大学之间的优劣比较等大学生存环境的变化给大学带来的影响。哈丁发表的文章中渗透着她的心血，也表达着她的理念，让人感受到她对自己从事的事业、对詹姆斯·库克大学的热爱，她的性格特征也由此可见一斑。

哈丁对机构的理解，可在她与学者丹尼斯（Denise Faifua）合作并于2008年发表的《机构采用的理性观对机构本身的影响》（*Broader rationalities and alternative forms of organization: sociological insights into social strategic action*）一文中探知一二。哈丁和丹尼斯认为，对一个机构而言，狭隘的理性观（此处指工具性的理性观）会对机构的发展不利。工具性的理性观阻碍了人们对机构的深入理解，限制了机构追求其经济与社会利益的潜能。当时的社会中出现了这样一种思潮：呼吁人们更多地去关注机构对社会的影响，而不

哈丁呼吁政府慎重对待高等教育领域开支的削减①

要仅仅关注机构本身的经济利益。哈丁对这种呼吁持赞同的态度，她认为机构需要处理好包括理性、经济体系和社会与文化等各方面间的关系，将它们视作与机构不可分割的因素，重视这些因素之间的相互联系，承认这些因素是不断变化的，同时也根据环境的变化做出相应的改变。这篇研究主要基于的数据来自哈丁和丹尼斯与企业和员工的访谈。研究结果表明，员工共同参与一个机构贡献社会的战略，不仅有利于该机构获得经济利益，还有利于它的社会效益。最重要的是，研究发现，更广泛意义上的理性可能在职场中扮演更重要的角色。所谓更广泛的理性在这里指包括追求经济利益和社会效益在内的关注多方面的理性。研究证实了社会关系是建立在合作、道德评价和沟通之上的，让员工参与到贡献社会的战略中是机构管理的新路径。最重要的一点是，对于政策制定者和

① 图片来源：http://the-scan.com/2013/05/09/cuts-that-keep-cutting/

管理者来说，在机构中隐藏着人道主义的潜力，可惜的是，这一点往往没有受到重视。这种潜力有三个方面的含义：其一，如果机构能兼顾社会和经济利益，将能有多方面的收获，在机构中会产生一种对于个人利益以外的追求，这种目标能够鼓励机构中产生稳定的工作关系和雇佣关系；因为市场所带来的压力，人们的注意力被更多地吸引到对个人表现和不稳定的雇佣关系上时，这一点就变得十分重要了。其二，虽然追求经济利益的机构在社会中占主导，但这并不意味着重视社会利益的机构就是不合理的。其三，对于机构而言，对社会效益的重视高于经济利益将可能在未来实现，因此那些拥有更广泛的社会与文化关系的机构应当成为学者研究的重点。作为学者，哈丁与丹尼斯建议，虽然经济理性主义有市场，不过也是时候考虑机构发展的未来了。[①]哈丁在学校排名的问题上也有着与众不同的观点。2012年5月，哈丁发表了一篇名为《为什么詹姆斯·库克大学选择不参加排名》的文章。

作为詹姆斯·库克大学的校长，哈丁在2012年初决定不参加“汤姆森—路透全球机构资质项目”，这意味着该大学不会被放在这一年的“泰晤士报高等教育世界大学排名”中。为什么詹姆斯·库克大学不参加这个排名呢？哈丁很清楚地表示，这样做绝不是害怕参与这个项目，因为在其他的排名项目中，詹姆斯·库克大学一直都排在世界前300—400名；原因也并不是詹姆斯·库克大学不喜欢任何排名项目，虽然排名有它自己的问题，不过该大学认为参加上海

① Faifua, Denis, and Harding, Sandra (2008) Broader rationalities and alternative forms of organization: sociological insights into social strategic action. *International Journal of Sociology*, 28 (9/10). pp. 408–419.

交通大学的世界大学学术排名就是可以接受的。面对汤姆森—路透项目组的邀请，最简单的做法就是给这个机构提供联系人，但哈丁没有这样做。

哈丁觉得自己对那些值得尊敬的汤姆森—路透项目组或者其他基于客观数据的组织所做的工作没有什么意见，但引入泛化的意见去决定或者很大程度上影响排名的顺序，就让这些排名项目失去了可信度和有效性。人们无法复制排名的结果，不知道那些评选者的意见是基于什么提出的。她觉得，如果那些要评价这所大学的是一个相对小的、专业化的小组，那么任何基于“最大的国际学术意见调查”的排名都必然会显示出一种同质的结果，这个结果不可避免地将很多大学的重要性轻描淡写地带过，不会考虑大学实际的优势。

当然，那些有着强大的研究优势的大学无论在主观或者客观的排名中都能够位居前列，虽然参加这种排名游戏也不能完全确保他们的地位。但是，对于那些更加专业化的、小型的、地方的大学而言，它们的优势恐怕是不会被纳入影响排名的考虑范围中的。不是因为它们在专长的领域做得不好或者它们的工作不重要，而仅仅是因为它们更加专业化、小规模、服务于地方。虽然在这一点上，还没有太多的学者支持哈丁的观点，但是她依然认为一个跨领域的、全球的、某些意见决定排名的时代已经结束了。因为这个时代需要创造财富而催生了整个排名行业，在拥有异国情调的国际场所举行豪华的颁奖典礼，所有的排名只是基于每个学校自己提供的数据和某些学术界的意见获得结果。作为一个独立的高等教育机构，深陷其中没有意义。

大学全球排名从20世纪90年代后期出现开始，各个机构排起长队等着被排位。当教育开始以一种极快的速度全球化，一所大学如果不去或者甚至不能出现在最新的排名名单中会是一件多么可怕的事情，让人连想都不敢想。或许大家参与到这种主观的、不透明的、只依靠某些人意见的排名中只与自信有关。过去，大家感到自己必须要参加，即便并没有什么公平的测评调查也没有关系。各个机构对排名表热情高涨，大家一窝蜂地争着接受排名，这是不对的。

这个时代在改变吗？哈丁觉得答案是肯定的。很多人都知道，一所高等教育机构真正的优势无法通过一个排名去公平地获得总结。大家也知道，在这些排名项目中，没有哪个小型的或者专业型的高等教育机构会有机会获得恰当的承认与认可。或许，有一些机构能够对自己的价值充满自信，决定哪些排名项目是值得参与的，而哪一些是不值得也不需要的。①

正是这个原因让哈丁拒绝了这一年的“泰晤士报高等教育世界大学排名”，面对这个时代的“潮流”，哈丁勇敢地说不，的确值得所有深陷市场化各类排名浪潮中的各种机构深思。

哈丁不仅对机构的理念和学校排名坚持自己独到的见解，而且对“地方”的问题更是尤为重视。她就“地方”这个话题从不同的角度在《澳大利亚报》上发表了多篇评论，以詹姆斯·库克大学为例，回应政策的变化，观点鲜明、笔触犀利，指出澳大利亚在对待

① Harding, Sandra, Why James Cook chose to become a rank outsider, *The Australian*, May 23, 2012, 12 : 00AM , http://www.theaustralian.com.au/higher-education/opinion/why-james-cook-chose-to-become-a-rank-outsider/story-e6frgcko-1226363850473, accessed July 25, 2013.

“地方”的问题上存在的不妥之处，她是一位地方大学的卫士。

哈丁认为，地方大学之间是不同的，但它们在拥有自己特色的同时也都致力于对地方的服务，她期待政策对地方大学的影响也能够是积极的。哈丁对“地方”问题的认识从她来到詹姆斯·库克大学便开始了。上任之初，她感到了这所大学的热情和这个地方人民的热情，哈丁对这所大学与其所在地区的密切联系感到吃惊。如前所述，詹姆斯·库克大学在澳大利亚有两个校区，分别是汤斯维尔和凯恩斯校区，这两个校区与当地的联系都非常紧密。哈丁觉得有意思的是，这两个地区的人们希望寻求与大学更为紧密的联系，他们希望该大学能够在这个地区的社会与经济发展中发挥更重要的作用。该大学对此也感到非常高兴，很乐意为之。举例来说，詹姆斯·库克大学新建的医学院与当地关系密切。该医学院建于90年代，是一个本科项目，主要关注农村偏远地区，培养熟练掌握现代技术的、面向21世纪的医生，同时教授学生应该如何在乡村和偏远地区以及原住民社区中行医。项目很成功，很好地服务于社区，也受到了社区的欢迎。大学自己的医院成为很好的医学教学实践课堂，这对于大学的教学和研究都有协同效应。

在关于地方的问题上，哈丁可谓理论与实践相结合。2007年7月，也就是哈丁上任校长的第一年，她在《澳大利亚报》上发表了题为《地处偏远的地方不意味着不重要》的文章。哈丁在文章中谈到，与地处地方的机构直接相关的一些共同特征有：有限的地方人口；更高的运营成本，很难让机构达到一定的规模；生源有限，让大学不得不压低分数线等。当然这些共同的特征并不意味着地方大学都是相同的，恰恰相反，它们之间其实有很多不同之处，包括它们的任务、校龄、历史、目标、每所大学的风格、国际参与程度、研究的地位、所在地区的特点、地域特征和人口特征的潜力、学生生源、研究的对象等。

将有着如此多差异的各所大学全部概化为“地方大学”，认为它们属于同质的群体是不合理的，也是不理性的，但这种一概而论的做法却足以支持那些政策评论员和其他相关人员，支持他们关于地方大学没有足够的研究地位、不够国际化、不能在一个竞争的环境中生存、会拖累整个高等教育质量的想法。哈丁认为，这些人的观点是站不住脚的，不妨就从这些地方教育机构的研究地位和国际化入手，以詹姆斯·库克大学为例，来看看这些观点的薄弱之处。

詹姆斯·库克大学是一所地方大学，在上海交通大学的世界大学前500的排名中占有一席之地，是前500的16所澳大利亚大学之一。詹姆斯·库克大学在某些领域拥有世界级的研究水平，在自然与科学方面发表了大量研究论文，大学的研究者们在他们的领域中享有国际盛誉，例如研究珊瑚礁的科学家们就有世界顶尖的水平。但如果退一步看，詹姆斯·库克大学是不是在所有的领域都很强呢？答案是否定的，但在澳大利亚又有哪一所大学在所有的方面都很强势呢？没有。如果要问詹姆斯·库克大学是否在努力地提升研究质量、影响和结果，那么回答是肯定的，而这个国家的每所大学也都在这样努力着。

在国际化方面，詹姆斯·库克大学吸引了大量美国学生来学校学习某些特别的专业，这一点是非常成功的；当然来自亚洲地区的学生数量也在不断增加，促进了校园环境的国际化程度。詹姆斯·库克大学在新加坡设立一个校区进行教学和研究，并正不断发展壮大；大学还与一个私有的机构合作，在布里斯班市中心运营一个国际校区；该大学在斐济（Fiji）护士学校开设课程，提升了位于太平洋地区的澳大利亚邻国的护士技能；该大学在星期四岛（Thursday Island）、麦凯(Mackay)和伊萨山（Mount Isa）地区拥有研究中心，为学生提供高质量的教育服务。但詹姆斯·库克大学在大学的国际活动中是否也有失败与教训呢？是的。哪个澳大利亚的大学又不是如此呢？

重点是，詹姆斯·库克大学的经验、地位和目标是独特的。该大学除了面临着一些独特的挑战外，同时也面临着其他所有大学——地方的、城市的、拥有地方校区的、没有地方校区的——都面临的挑战。詹姆斯·库克大学作为一所地方大学在自己的专长领域做得很好，并继续致力于提升自己、担负起自己的国际责任。[①]作为一所地方大学，其各方面的情况能够有力地反驳前文提到的关于地方大学没有足够的研究地位、不够国际化、不能在一个竞争的环境中生存、会拖累整个高等教育质量的想法。哈丁通过举例论证，对一些对地方大学的偏见进行了有凭有据的争辩，驳斥了这种没有凭据且不负责任的论断。

当然社会上对地方大学的刻板印象的形成已经不是一日两日了，也因此，这些观点恐怕还不止于此。有类似的评论在谈到澳大利亚大学的未来时，建议地方大学应当让位于大城市的大学。2008

---

① Harding, Sandra, *The Australian*, July 25, 2007, 12:00AM, http://www.theaustralian.com.au/higher-education/opinion/regions-apart-and-no-less-important/story-e6frgcko-1111114029661, accessed July 25, 2013.

年11月，哈丁在报纸上发表了一篇题为《地方对卓越的追求》的评论，针对当时高等教育界忙着为澳大利亚高等教育的未来下定义的情况发表了自己的看法。人们在为未来下定义时提到了什么是可能发生的、什么是应该发生的、应该如何发生，在什么时间、地点发生等等。虽然这激发了一波激烈的辩论，引发了一些非常有益的思考，但同时也有倒退的趋势。

这种倒退，指的是人们看待乡村、地方大学和地方校区的角度问题，而在一些评论中，澳大利亚的这三类机构被视为表现不佳，建议将它们变回社区学院，从而保留名列前茅的城市高等教育研究机构的研究优势。

哈丁认为这种提议的错误之处便是这些评论者又一次将所有的地方和乡村高等教育机构一概而论，否定了它们之间的不同。当然，这些大学的共同点是，它们对所在的地区有着自己的承诺，往往在建校之初，就被赋予了第一波澳大利亚大学改革浪潮不能完成的使命：为地方提供教育机会。不过乡村和地方的机构也各有所长，不应当将它们一概而论。它们中有一些地区的高等教育机构是该地区乃至澳大利亚的历史中不可分割的一部分。在另一些地区，对许多乡村和地方的高等教育机构而言，它们所在的地方就是他们的实验室，是研究可以或者必须发生的地方，为那些基于地区的研究和教学提供了地理基础，这些乡村和地方的大学拥有很好的机会和资源，不必地处大城市，就能达到一流的高等教育质量。这同样意味着，在澳大利亚的地方，那些有才能的人们被鼓励留在地方，以促进地区的经济发展，进而为整个澳大利亚的国内生产总值作出重要贡献。

这种要地方大学让位于城市大学的提议还错在可能会对各大学争夺在澳大利亚高等教育机构中的重要位置推波助澜，加上现存的一些不成功的组织对地方大学或地方校区流于表面的认识，将年轻的或者地方的机构作为障碍清除，从而完全忽视这些在研究方面拥有活力的地方大学能够给澳大利亚带来的价值。哈丁认为，大家与其考虑悉尼大学或者墨尔本大学这些名校20年以后的表现，看它们是否会在那个时候依然被认为是一流的大学，对着可能不断变化的未来做出不切实际的猜测，不如去思考和寻找一个更为近期的案例，找出在澳大利亚的地方发展一流的研究型大学的方法。在哈丁的心目中，詹姆斯·库克大学就可以成为楷模。

前文提到过詹姆斯·库克大学是以传统大学的模式建立的，目标正是将其发展成为昆士兰州的第二所传统研究型大学，服务北昆士兰地区和热带地区。在哈丁看来，詹姆斯·库克大学这所发展中的大学获得了足够的时间与养分，从1970年建校40多年、作为地方教育机构50多年以来，从地方社区、物理学家、澳大利亚大学委员会主席、昆士兰大学到昆士兰州政府都给予了学校强有力的支持。学校正是获得了足够的经费和支持，才能够从澳大利亚全国乃至国际社会招聘到优秀的学者，将定期拨款的发展基金专用于基础设施的建设。为热带而努力的想法还吸引了许多政要，甚至女皇也亲临发展中的校区。詹姆斯·库克大学从建校至今发展迅速，它的汤斯维尔和凯恩斯校区更是处于该地区的活跃中心。

当然，詹姆斯·库克大学的发展并非一帆风顺，像其他所有的大学一样，在发展中也有沉浮，在经费不足环境中面临巨大的挑战。不过哈丁表示，大学能够坚持并在澳大利亚地方扮演自己的角色，这是每一所追求卓越的研究型大学所要经历的过程。她觉得某些学者的想法是对的：大家还没有把握去支持和建立新一代的大学。哈丁作为一位教育者，支持任何地方的、任何层面的教育。她也希望大家在决定澳大利亚高等教育的未来时，能够基于事实和愿望，真正地寻求为澳大利亚社区、乡村、地方和城市的社会和经济利益服务的妙方良药。[①]

对于乡村和地方大学的价值，澳大利亚政府显然有着深刻的认识，因为政府在2010年选举结束后，决定将99亿澳元用于澳大利亚地方和乡村，其中5亿澳元用于设立教育投资基金以支持地方的教育。同年9月，哈丁在《澳大利亚报》上发表了一篇名为《重塑地方》的评论，在表达对巨额预算的惊叹的同时，也传达了自己深深的不安，这种不安源于人们可能会因为一次性的资金注入而看不到隐藏其中的历史性机遇。这个历史性的机遇是什么？是澳大利亚最需要的——转换思维。

哈丁幽默地表示，她和其他的校长们一样对投资都是非常欢迎的。但是要保障乡村和地方的活力，包括高质量的地方教育，仅仅有资金还是远远不够的。事实上，就像在经济紧缩时期，注入资金是最容易的。但如果没有让地方或乡村教育变得有活力的努力，那么资金的注入所带来的效应终将如昙花一现、转瞬即逝。澳大利亚如果想要跟上世界的脚步，就需要避免许多人奇特的想法：认

① Harding, Sandra, *The Australian*, November 19, 2008 12:00AM, http://www.theaustralian.com.au/higher-education/opinion/scope-for-excellence-in-regions/story-e6frgcko-1111118073475, accessed July 26, 2013.

为高质量的机构包括大学和在经济与文化方面都让人满意的高质量生活只能出现在城市里。哈丁认为，没有哪一个发达国家是基于这种想法去运行的。因此在这一点上，哈丁觉得澳大利亚是落后的，只因澳大利亚极度的城市化所致。澳大利亚比较主流的想法认为乡村和地方是落后的，因为它们不是大都市，然而在世界上其他许多国家，“地方”并不是贬义的，它不是都市的反义词，也不比都市逊色，它是非常适宜居住、工作和学习的地方，在美国、英国等国家的大城市以外的“地方”都是如此。但在澳大利亚，“地方”却意味着比城市更逊一筹，被归为一类并被认为与贫穷相关联。人们可能喜欢“地方”并热衷于帮助“地方”，然而却同时理所当然地认为“地方”一直以来都有着劣势，其实事实并非如此。

这次政府的竞选给出了一些承诺，然而哈丁提出了这样一个问题：这个承诺究竟是要真正地去建设澳大利亚，还是仅仅用这些钱去安慰政治噪音和行政的不便，照顾部分人的利益？

或许答案可以是，这个承诺可能对澳大利亚的地方来说，是澳大利亚建设国家的新纪元，与之前自二战结束以来的时期有了本质上的不同。但反弹还是存在的，已经有人开始讨论政策的不公平，认为城市的机构在这次关注地方的新潮流中处于了劣势。哈丁认为，这次政策的颁布正是一个良好的时机去发展地方经济，这是正确的，政府可以也应当这样做。在这个时期，新一届政府意识并理解了地方经济和基于地方的教育对国家建设的重要性，这一点让人颇感欣慰。

哈丁觉得，澳大利亚的城市人口需要向乡村和地方移动。对于基础设施建设的资助是受欢迎的，只不过乡村和地方的发展需要的恐怕不只是资金。大家既然期待有活力的地方经济，那么高质量的高等教育就是必不可少的，因为它能够直接向地方社区输送人力资本和研究创新。地方的大学和城市中的大学一样，是产生创新的催化剂和温床。它们为所在的地区和更广泛的地方输送人力、智力和文化资本，积极融入所在的社区，是地方经济和社会发展的一个平台。只有存在着显著的教育机会，人们才能对澳大利亚的地方抱有希望，当然这里指的不仅仅是高等教育。

国家宽带网络体系在这个问题上也扮演着重要的角色。倒不是因为这意味着人们可以快速下载文件和所有的网络资源，哈丁认为，大家更应该有雄心壮志，严肃考虑面向21世纪的基础设施建设，这会影响未来公司选址的问题和人们居住的问题。宽带的建设带来的是“去都市化”的机会，能够减缓都市超负荷运行的压力，提升人们的生活质量。澳大利亚的地方应该首先成为有综合竞争力的地方，宽带的建设意味着地方会变得更重要。因为人们可以在地方以面对面或者远程的方式运营他们的公司，而他们能获得的资源会像在城市中一样方便。澳大利亚人可以不用妥协，过他们想要的生活。

哈丁希望政府的举措能成为一个机会，去改变人们认为澳大利亚只有一些大城市而忽略其他广阔的居住地的想法。诸如宽带，它再强大也只是一个单独的因素，它本身无法提升澳大利亚地方的生活质量。宽带、地方教育、健康、经济和社会发展都是需要的，但如果没有观念上的转变，这一切不能也不会发生，对什么可以做、在哪里做，对生活、经济、社会和政体的期待等等问题的思考都能够消除城市与地方之间的鸿沟。有一些人没有也不愿意去理解这个问题，现实却是许多澳大利亚人生活在极度城市化的阴影中、生活在“地方”低人一等的推论中，人们认为地方的高等教育和地方的其他方面一样，都是逊色于城市的。如果想让人们走出这种观念的阴影，就必须让澳大利亚的“地方”先走出这个阴影。因此，这次给地方注入巨额资金的规划究竟只是一大笔资金，还是一个改变人们想法的历史机遇就变得让人期待了。①

如果说要将资金注入地方的规划是澳大利亚政府希望发展地方的政策，那么某些高等教育领域的政策则成为阻碍地方大学发展的绊脚石。2012年初，哈丁发表了一篇文章，题为《大型机构将地方的大学推到了冷门的境地》。文中提到，随着政策的支持，越来越多的大型大学能够提供更多的学习机会，因此有更多的学生选择城市而非乡村的大学，这种状况不断积累，在一段时间后已经显现出后果。同时，那些政策中对研究经费的注重意味着更多的小型大学或者地方大学会在竞争中被淘汰，即便其中的一些大学的研究水平并不差。

澳大利亚拥有多元化的高等教育机构，有城市和地方的大学、大型和小型的大学，这些大学获得资源的机会从整体上来说是相同的。根据那些颇为挑剔的大众观点和青睐大型经济规模的机构的政策逻辑和那些以经济规模为逻辑去引导政策发展的想法，这种整体上的机会均等看起来似乎能够让一些小型机构获益，实则不然。在基础设施方面，根据学生的数量进行分配听起来非常公

---

① Harding, Sandra, “Reinventing the regions”. *The Australian*, Canberra, A.C.T., 15/09/2010, p.29.http://www.theaustralian.com.au/higher-education/reinventing-the-regions/story-e6frgcjx-1225922877099, accessed July 24,

平，但即使是人数少的机构也有着更新基础设施的需求。虽然所有的大学都有权力获得教育投资基金的经费，但这些经费更倾向于那些为研究而建的大楼，这就实际上更加有利于那些更大型的、以研究为主导的机构。即便是5亿澳元专用于地方教育投资的基金，根据其中的规定，似乎不仅仅是一些出色的地方大学，而是所有的大学和高等教育机构都能够申请。这样看来，地方的大学还是处于劣势。

哈丁觉得，或许可以通过建立“地方高等教育和研究政策框架”，细致地考虑与不同类型的地方大学和地方校区相关的所有因素，补救这种现有的国家政策和地方之间的奇怪关系。地方的大学和大一些的地方校区拥有类似的特征，如前所述，它们为所在地区提供人力资本，是创新的催化剂，是地方主要的企业（与地方的其他企业相比）和雇主，在地方经济中占很重要的比重。它们是所在社区的伙伴，也是宣传所在社区的伙伴。既然地方的大学如此重要，要提出一个关于地方高等教育和研究政策框架为何如此之难？这其中有联邦政府的问题，有城市与乡村的政治问题，有更大型的、优秀的机构需要政府和公众的注意力的问题等等。哈丁觉得大家还不够勇敢，无法直截了当地提出这个建议，害怕此建议的提出可能将触及澳大利亚特有的国家注重公平的底线。

真正的困难是，只要考虑到地方高等教育和研究的公平问题，就会牵扯到平等（同样的政策、变数的影响）与公平（变化的政策、相同或相似的影响）间的冲突。为了追求一条平等的路径，我们有义务去保证所有的机构都遵从同样的政策制定过程，即使这些政策的影响可能因情况的不同而有很大的差别，即使这些政策的制定可能与我们想要发展的世界级的系统相悖。而如果选择公平的路径，那么建立地方高等教育和研究政策框架会成为一个真正公平的路线和选择，这样的政策框架可能会依靠这种公平的原则得到发展。事实是，世界上许多国家都选择了公平的路径。欧洲的地方政策关注城市与地方的公平，政策中提出要消除地区间机会不公平的情况，不同的地区被区别对待，方能获得相似的结果。

哈丁认为，澳大利亚也需要采取一条类似的注重公平的路径，至少能够开始为发展一个专门关注地区的高等教育和研究的政策框架而进行讨论，这个建议的提出并不是因为地方问题正处于政府的关注之下，而是因为澳大利亚的地方需要获得一条公平的路径。①

为"热带"奔走

如果说哈丁校长对许多问题都予以关注，那么与热带相关的问题，则成为重中之重。

回顾竞聘之初，哈丁希望成为詹姆斯·库克大学校长的理由有很多，其中很重要的一个理由便是她认为这是澳大利亚最具特色的大学之一。在澳大利亚的其他大学中，只有澳大利亚国立大学有所不同，主要以研究见长，专注于政策和其他领域的研究，就像是澳大利亚的牛津大学。然而大部分的大学在哈丁眼中少有特色突

---

① Harding, Sandra, Higher Education, *Australian*, 22 Feb 2012, p.32. http://www.jcu.edu.au/vc/public/groups/everyone/documents/mail_archive/jcu_102863.pdf. Accessed July 22, 2013.

詹姆斯·库克大学新加坡校区与共和理工学院（Republic Polytechnic）签署关于热带研究方面的谅解备忘录，右二为哈丁。[①]

出者，虽然每所大学都试图阐释自己的特色，但如果你仔细看看每所大学的使命与抱负就会发现，大家都希望能够在教学、研究、服务等方面较为出色。与这些大学相比，哈丁觉得詹姆斯·库克大学是有具体话题、具体内容的大学，那就是能够为所有在热带地区生活的人们带来光明的未来，带来改变。这个改变是通过广大毕业生的努力和科学研究的发现去为热带地区做出贡献。前文提到，詹姆斯·库克大学从70年代独立为大学开始，就希望该大学能够满足当地人力市场需要和满足北昆士兰社区对教育项目和研究活动的需求，同时能够发展成为热带研究领域的领头羊。哈丁觉得那些建校的先辈们很有远见，在建校之初就能够预见在澳大利亚这个发

① 图片来源：詹姆斯库克大学网站http://www.jcu.edu.sg/Home/News/tabid/84/SuperStructureID/361/Default.aspx

达国家建立起一所关注热带世界问题的大学的重要性和战略性，而该大学多年来也一直将此作为学校的明确目标。哈丁认为自己可以做许多事去发挥这种特色，将学校的关注点完全转向热带世界。

詹姆斯·库克大学是世界领先的关注热带地区的机构，环绕大学的是壮观且多样性的生态系统，包括前文提到的潮湿的热带雨林、干燥的草地和标志性的大堡礁。学校独特的位置让澳大利亚国内和国际学生能够在这个多样化的环境中学习，这是世界上任何一所其他大学都无法比拟的。该大学关注的热带不仅包括澳大利亚的凯恩斯地区，还有世界其他热带地区。热带地区拥有全世界40%的人口，世界上一些最重要的事件正在热带地区发生，热带世界急需关注的问题包括政府结构、环境管理、热带疾病、经济发展、司法体系等等。

詹姆斯·库克大学的特色研究领域为海洋科学、生物多样性、热带生态和环境、全球变暖、旅游、热带医药和缺医少药人群的公共健康问题。此外，学校还关注环境、生态、水、人文和社会学。因为最终热地区带所面临的困难，除了一些科学问题外，还有许多关于人、社会和热带世界如何发展等问题。

半个多世纪前，詹姆斯·库克大学为了解决这些问题而建立，50多年来该大学一直秉持建校之初提出的关注热带地区的战略，尽管期间学校有起有落，关注的目标也有变化。哈丁坚信，詹姆斯·库克大学位于热带地区，又处在一个有着广袤土地的发达国家，一定能成为这个方面的国际领军学校。正是詹姆斯·库克大学的执著吸引着哈丁来到这里工作，哈丁认为这是这所大学最珍贵的财富，她无法想象不在这所大学就职是怎样的光景，虽然常有其他的机会，但她一直专注于詹姆斯·库克大学的工作。随着时间的推移，她深信，詹姆斯·库克大学一定会成为澳大利亚最有特色的大学，并愿意为此继续贡献自己的力量。作为校长，哈丁与同事们一起共同关注这所大学需要关注的热带问题。

2008年10月，哈丁发表了题为《热带俱乐部的临界质量》的文章。澳大利亚有观察家指出，基于全球热带知识产业的比重提升，该产业有潜力转化为澳大利亚的经济增长点。有人算了算，只要将关于热带世界知识的1%转化为澳大利亚的经济收益，到2025年这个收益可以达到1100亿澳元。

澳大利亚是拥有大片热带土地的唯一的一个发达国家。澳大利亚的热带地区，拥有世界热带地区80%的多样生物，周边还有许多发展中的国家。澳大利亚拥有许多知识产业——尤其是热带环境科学和管理、热带健康和医学、农业、热带设计和生活等主要热带产业——满足了这些发展中国家对货物和服务的需求。有学者估计，亚洲与环境相关的货物与服务需求会在接下来的10年内增加两倍，达到每年1000亿美元。联合国世界卫生组织、比尔·盖茨基金和其他国际发展机构在健康项目上的开销正在接近每年60亿。另外，热带世界也面临着许多这个时代不得不关注的问题：生态的、环境的、健康的、安全的问题，还有社会、经济、政治发展问题。哈丁认为参与到这些问题的解决中，和邻国共同面对挑战，是符合澳大利亚的国家利益的。因此，她呼吁建立一个热带创新俱乐部，从而促使位于热带的澳大利亚北部地区和其他地区一起共同解决这些问题。

澳大利亚多年来一直希望能够在全球热带议程中占据领导地位。1963年，有学者认为当时的汤斯维尔学院应当成为澳大利亚关注热带地区的大学，而这所学院也的确变成了后来的拥有这个目标的詹姆斯·库克大学。在1970年独立为大学时，昆士兰州政府在建校法案中强调，詹姆斯·库克要以教育、研究的方式造福热带的人们。澳大利亚有许多大学和机构都在从事与热带相关的研究，例如联邦政府支持的联邦科学与工业研究组织、澳大利亚海洋科学研究所、昆士兰政府研究站、北部的查尔斯·达尔文大学等。还有一些位于城市的大学如悉尼大学、昆士兰大学和澳大利亚国立大学也不同程度地参与了对热带科学问题的研究。有一些评论，如1993年热带澳大利亚研究和科技调查、2004年在达尔文市举办的“热带未来论坛”、2007年的市场研究《昆士兰州热带科学、知识、研究和创新的机会》都得出了这样的结论：热带科学和创新代表了澳大利亚一个非常重要的机遇。

诚然，澳大利亚已经在某些热带研究领域领先世界，不过却没能在国际热带议程中占据全面的领导地位，因此，并没有实现与热带相关的产业能够给澳大利亚经济带来的潜能。为什么呢？答案很简单，因为澳大利亚还没有认真对待这个议程，进而去投资和发展许多热带资源，推动这种领导力所需要的机构合作形式。哈丁认为，造成这种状况的重要原因之一是澳大利亚典型地以城市为重心，却忽视了更适合澳大利亚去发展的热带科学。

哈丁觉得詹姆斯·库克大学已经拥有了优秀的研究平台，还与许多优秀机构合作，如联邦科学与工业研究组织、澳大利亚海洋科学研究所、澳大利亚研究理事会卓越中心、热带科学研究所和中心、联邦政府伙伴、富尔·布莱特伙伴和罗德奖学金等。她认为所有这些与热带相关或者来自热带的中心、机构、奖学金，正是詹姆斯·库克大学和它的伙伴们40年来在热带领域建立优势的有力证据。

澳大利亚超过三分之一（38%）的土地位于热带，但整个澳大利亚只有位于北部地区的查尔斯·达尔文大学和詹姆斯·库克大学两个高等教育机构有合适的配备去解决一系列对北部地区来说非常重要的问题。詹姆斯·库克大学现有的世界一流的配置包括：在凯恩斯校区的澳大利亚热带森林研究所和汤斯维尔校区新建的热带科学和创新管辖区；在汤斯维尔校区新建的创意艺术设施、医学和健康管理区；凯恩斯校区针对热带健康和医学的管理区；海洋和热带农业设施、龙卷风测试站；奥菲斯岛、阿瑟顿高原、伊萨山和外查特斯岛上的研究站。其他的基础设施包括正在筹备中的凯恩斯研究所，将主要关注热带设计与生活、矿产、能源、探索，人文与社会科学，还有原住民、工业和热带社会。

基于以上提到的所有机构和其他大学在这个地区的工作，哈丁认为，北澳大利亚尤其是北昆士兰州有望成为热带科学与创新国际俱乐部。一个基于詹姆斯·库克大学的热带创新俱乐部，将拓展澳大利亚与世界其他大学和机构的合作，共同进行热带科学、知识和创新的研究。

詹姆斯·库克大学与热带主题相关的研究活动和教育与学习项目不断发展，成为这个议程的背景，巩固了该大学发展计划的基础，有望实现詹姆斯·库克大学建校之初的关于成为澳大利亚热带研究大学的目标。作为热带世界的居民，该大学清楚地看到了参与解决热带居民面临的问题的机遇和责任。提出将解决热带问题的方案作为澳大利亚目前的创新活动中最首要的任务，意味着将这个国家的目光聚焦到热带世界的问题上来，让澳大利亚承担更多责任，力求至少能创造所需的临界质量（达到预期所需的足够数量和质量）。哈丁此建议中的重要政策将会改变澳大利亚的经济构成和澳洲与热带世界各国的关系；同时更重要的是，这意味着热带世界美好的未来生活有了希望。①

詹姆斯·库克大学对热带的关注是一贯的，但为什么哈丁会想到建立热带俱乐部呢？很久以来，人们眼中的世界分为南北、东西、发展中国家与发达国家，却没有将热带作为一个重要的部分。人们对于世界的这种认识可以追溯到古代，这种认识是纵向的、片段的。哈丁表示，亚里士多德在两千多年前写道：这个世界可以分为寒带、温带和热带三个部分，他认为最伟大的文明应当来自于热带地区，这便是哈丁带领下的詹姆斯·库克大学正在致力研究的领域。詹姆斯·库克大学所有学生和教师中的40%来自热带，学校园区的80%位于热带。在哈丁看来，人们没有横向地去认识世界，她觉得热带世界也同样遇到这种挑战，不仅仅是地理方面的，还有气候方面的。对于世界上地处热带地区的人们来说，他们面临的应当是相似的问题。哈丁认为，“如何才能够让传统的世界观改变，在传统的认识外，横向地去认识世界？传统的认识方法固然能够让人们深入地去了解世界，然而如果可以横向认识世界，我们知道的或许

① Harding, Sandra, *The Australian*, October 08, 2008, 12:00AM, http://www.theaustralian.com.au/higher-education/critical-mass-for-a-tropical-hub/story-e6frgcjx-1111117688598, accessed July 24, 2013

会更多”。那是一种不同的世界观。或许大家的努力并不能获得什么实质性的成果，而仅仅是希望能够改变人们认识世界的方法。应该说这种可能性是存在的，因此哈丁希望开始这样一个国际项目，希望自己能够参与到创造热带世界的美好未来中去，希望能够通过自己的力量促成这个想法的实现。

靠自己或者一个学校的力量是不够的，哈丁觉得这在世界范围内都太重要了。哈丁曾向西雅图的人们谈起过这一点，也曾向世界各地的人们谈起，大家都立刻认识到了这种改变的重要性，意识到这将会多么有意义。这个项目本来可以在詹姆斯·库克大学范围内进行，但哈丁认为这个问题太过重要，以至于一个教育机构无法完成，需要和其他机构共同合作才能完成。她认为做这个项目是值得的，她需要检测自己是否真的是对的，这个问题是否真的如自己所想的这般重要，她想知道人们是否也认为这个问题非常重要。于是，哈丁决定以詹姆斯·库克大学校长的身份通过电话联系世界上各个致力于热带地区研究的机构领导，询问他们是否愿意共同参与这个项目。

有了这个想法后，哈丁便希望能够付诸实践。无论是自己小学时期建立一个戏剧俱乐部，还是后来发起商学院院长理事会，哈丁一直相信，将事情从想法变成现实是很重要的。她就这样积极行动了起来。

如何说服这些机构呢？哈丁觉得需要一份关于热带的报告，阐述热带在这个世界中的重要性。这份报告并不仅仅为了让世界能够对热带多一些热爱，而更多地希望通过研究了解热带地区的教育、治理、卫生服务、环境管理等不同领域的实践，看看数据显示热带有哪些方面出现了问题且情况比其他地区差，而大家又能从中学到些什么，需要做什么去改变现状。报告将回答一个非常简单的问题：热带地区的生活正在变得更好吗？因为哈丁曾担任澳大利亚统计咨询理事会主席，该理事会主席主要向联邦政府提出建议，哈丁正是在那个时候认识了德拉斯，他是工业统计咨询理事会的主席，他负责国际统计数据的部分，对这一方面比较熟悉。哈丁致电德拉斯，告诉他关于这个报告的想法，希望能够完成这个报告，却苦于没有相关的数据。德拉斯去进行了一些调查后告诉哈丁，从他能够接触到的数据资料显示，相关的领域还是一个空白，因此这是个值得做的报告。德拉斯帮助哈丁一起起草了一个文件，主要探讨了为什么应该做这个研究，以及它可能带给人们的是什么。

在2010年圣诞节前，哈丁致函世界范围内12位与其职位相当的校长或所长，提出了为热带正名的想法。她询问了肯尼亚的内罗毕大学、厄瓜多尔的里托瑞尔高等理学院、英国的利物浦热带医学学院、泰国的玛希隆大学、新加坡国际大学和南洋理工大学、哥斯达黎加的热带研究组织、丹麦的哥本哈根大学、美国的夏威夷大学、巴布亚新几内亚大学、斐济的南太平洋大学、巴西的亚马逊国家研究所等12个机构。她在信中说，这里有这样一个想法，不知道大家认为这个想法是否重要，如果你认为重要，那么你是否愿意加入这个国际领导力小组，去帮助完成这份报告？

让哈丁感到高兴的是，每个人都认为这非常重要，于是丹尼斯和哈丁起草了一份更长的讨论稿。2011年，哈丁主持了在新加坡举行的热带申明报告国际领导小组第一次会议，12位校长或所长和哈丁参加了会议。大家对讨论稿进行了讨论，会议的成果是，包括詹姆斯·库克大学在内的13个关注热带的高等教育和研究机构共同启动了这个热带议程项目，名为“热带的现状”。这个项目的终极目标正是为了能够让世界热带地区的生命有一个美好的未来。对于项目的成员们来说，今天世界所面临的大部分问题诸如环境、生态、健康和医药，或者经济和社会发展等相关问题，其中许多问题以最原始的形态在热带世界出现，因此这个项目组希望能通过研究在一定程度上解决这些问题。该议程目前提出了四个战略性的问题，包括热带地区人们的生活、热带地区的经济与生产、热带地区的医药与生命安全、热带地区的环境与生态系统。2012年底，该小组发布了报告的四个要点：第一，寿命预期；第二，原始森林；第三，野生海洋捕捞；第四，经济产出。“热带的现状”项目组希望能够通过报告让人们了解热带在整个世界上有着怎样的地位和状况①。

从此，这个项目进入了正式撰写的过程。热带项目启动后，哈丁作为这个项目的发起者，带领詹姆斯·库克大学参与其中，与世界其他院校机构一起共同为热带地区的未来而努力。

忙碌着，收获着

哈丁似乎在任何时候都是忙碌的，她在工作时总会有一种节奏感，总比常人做得更多。在成为大学校长后，哈丁陆续成为了许多董事会和理事会的成员，哈丁觉得自己从每一次经历中都学到了一

① 参见“热带的现状”网站：http://stateofthetropics.org/media-releases/life-shorter-in-the-tropics

些东西。在这些理事会中，有许多与政府有着密切的联系。哈丁在与联邦政府和地方政府打交道方面有非常丰富的经验，这也是哈丁的校长工作中重要的组成部分。

2009—2012年，哈丁在四年间一直代表澳大利亚列席南太平洋大学教育资助委员会。南太平洋大学是由南太平洋12个岛国共同创办的大学，旨在让南太平洋地区拥有自己的大学，让这里的人们可以接受高等教育。哈丁对于能够被政府任命为澳大利亚代表列席该委员会感到荣幸。这个职位是由澳大利亚政府指派，并由当时的外交部长史密斯签署任命函的。该委员会每两年进行一次会晤，主要的会议内容是对该大学的预算和计划进行审核。委员会上有一名澳大利亚代表和一位新西兰代表，以及支持南太平洋大学的12个南太平洋岛国的代表。哈丁觉得这是非常有意义的经历，她在南太平洋大学认识了这些学校的校长们，并与他们共同就各个议程进行了探讨。事实上，该大学也是“热带的现状”项目组的成员之一，哈丁对能够在非常不同的环境中深入地了解另一个热带大学感到十分高兴。

哈丁另一个由联邦政府任命的职务是澳大利亚统计咨询理事会主席。该理事会共有22位成员，包括来自各个州的统计学家和澳大利亚联邦工业的领导者们。这是一个社会服务的理事会，在哈丁担任主席期间，她了解了在澳大利亚和世界上正在发生着什么，知道了统计和数据对此有多大的重要性，明白了应当考虑的问题是什么。她觉得那是非常难得的经历，让自己受益匪浅。

随着纽曼州长于2012年3月26日上任，昆士兰州的新一届政府上台。州长建立起一个独立的监管委员会，邀请了三位审计专员审查该州的财政状况，并向政府提出整改意见，由政府自行决定应对的方式。他们需要做的是对包括能源和成本在内的各个方面进行察看。这个三人小组的组长是来自澳大利亚财政部的彼得·卡斯特罗，他在霍华德（前总理）政府时期担任了12年财政部长。三人会定期会面，哈丁作为小组中的一员，和其他专员们一起向政府提出服务、卫生等相关建议。参与监管会的工作让哈丁觉得非常兴奋，因为她能够深入地了解州政府的财政状况，在形成整体印象的基础上帮助政府指出发展的方向和需要做的事情。

在 2011年，哈丁加入澳大利亚地方机构委员会（Regional Australia Institute）。这个组织主要关注的是澳大利亚地方的问题，并对政府如何推进澳大利亚地方的工作提供政策建议。哈丁一直都认为，澳大利亚是一个地域广阔的国家，人口主要集中在大城市，但在这个地广人稀的国家，还有相当一部分人口分布在主要城市以外的地区，就昆士兰州而言，在地方的人口比在州首府布里斯班市的人口要多。因此，承认澳大利亚的地方的重要性是关乎国计民生的大事。在这个职位上，哈丁能够去理解并保证政府制定出的政策对澳大利亚的地方的发展是有利的，这让她感到非常高兴。詹姆斯·库克大学的两个主校区所在的汤斯维尔和凯恩斯都是地方的城市，汤斯维尔共有20万人口，凯恩斯有16万人口。这两个城市是地区的中心，距离布里斯班和悉尼等城市都非常远，阿德莱德市到悉尼的距离比布里斯班市到汤斯维尔的距离还要近些，也就是说，前两者虽在不同的州，却比同在一州的后两者要近。因此对于这两个城市而言，自给自足非常重要，且工作的方式与首府城市是非常不同的。

除了那些政府支持的委员会，哈丁还在其他的机构组织里发挥自己的能量。

2007年，在哈丁的极力促成下，詹姆斯·库克大学加入了创新的研究型大学组织（Innovative Researching Organization of Universities）。这个组织由七所拥有相似的历史、资质和目标的澳大利亚的研究型大学组成，包括弗林德斯大学、格里菲斯大学、詹姆斯·库克大学、拉特罗布大学和纽卡斯大学等。该组织是一个推进高等教育政策发展的主要倡导者，旨在通过大学在研究和教育方面的合作，共同地长期致力于对社会的贡献。这些大学一起携手共进所产生的社会效益，对它们的学生、外部合作伙伴和员工来说也产生了增值效应。自詹姆斯·库克大学2007年加入该组织以后，充满热情的哈丁做了许多工作。2009年1月1日，哈丁就任该组织主席，任期两年。哈丁担任这个领导职位，需要与政府对话，需要把这七所大学在各自或合作的发展中遇到的问题，以及在现行国家政策下产生的状况，及时地反映给政府，从而帮助推进高等教育的发展。哈丁认为，如果希望成就一个充满活力的，与国际接轨的、世界级的大学体系，那么大学之间的合作非常重要。哈丁在任期间，为加强该组织在澳大利亚高等教育领域的贡献和影响力做出了不少努力。

在澳大利亚有一个澳大利亚大学联合会（Australia Universities Association），所有的澳大利亚大学都参加了这个联合会。哈丁从2009年1月起就加入了该联合会的董事会，在2011—2012年期间担任联合会副主席。这两年中，澳大利亚高等教育界经历着前所未有的变化，哈丁不仅对高等教育领域有着独到的见解，还表现出卓越的领导力，她对高等教育的热情深深感染了大家。2013年2月26日，哈丁被任命为该董事会的主席，并于2013年5月2日上任。当时的联合会主席认为，哈丁一定能带领澳大利亚大学联合会在高等教育领域走得更远。哈丁觉得高等教育领域是一个非常让人振奋的领域，能够在这个领域中走上领导的位置，让她非常激动。她知道在自己的任期内，将会遇到许多国际挑战和机遇，哈丁希望能够带领联合会，保证澳大利亚的高等教育是高质量的，是和世界齐头并进的；希望澳大利亚向他国学习，向优秀的领导者学习；确保能对大学的发展起到积极作用的政策可以被政府采纳。澳大利亚大学联合会对于哈丁来说非常重要，因为这是一个和政策问题相关的组织，各个大学的代表会共同处理澳大利亚大学面对的各种重大问题。哈丁相信，大学的发展就意味着澳大利亚的发展。

还在2000年初时，哈丁开始成为澳大利亚保险业的领头羊HIH保险公司评估组的成员，并在这个位置上做了几年，当然这是被邀请加入的。评估组的工作是评估各种有问题的商业案例。他们的工作还包括审查一些困难的案例，判定的过程也十分艰难。哈丁是评估三人组中的一员。哈丁因为这份经历有机会了解了澳大利亚保险行业的内幕，还对澳大利亚的商界也有了进一步的了解，她觉得每一次的社会工作经历总会让自己的处事能力快速提高，还大大地开阔了自己的眼界。

哈丁加入的另一个有意思的董事会，是北昆士兰牛仔橄榄球俱乐部。2011年3月31日，北昆士兰丰田牛仔队董事会主席劳伦斯邀请哈丁进入该俱乐部的董事会，他认为哈丁在北昆士兰社区乃至整个澳大利亚都是受人尊敬的，她将会把她的知识和商业头脑带到俱乐部中，这对于俱乐部来说是前进了一步。北昆士兰牛仔橄榄球俱乐部是个参加澳大利亚全国比赛的俱乐部，位于汤斯韦尔，也就是詹姆斯·库克大学的一个主校区所在地。

左为北昆士兰丰田牛仔队橄榄球俱乐部总裁彼得·左尔丹，右为詹姆斯·库克大学校长哈丁[①]

哈丁是这个俱乐部董事会的第一位女性成员。因为俱乐部希望足球能够吸引更多的女性、家庭和孩子们，希望能够将科学知识融入到足球比赛中，所以他们便找到了哈丁。哈丁觉得这个俱乐部是昆士兰州一个很好的球队，队员们都是非常可爱的大男孩儿。哈丁很高兴自己能加入俱乐部，她对北昆士兰和牛仔队充满热情，而且她是一个橄榄球联赛的追随者，是牛仔队和昆士兰州的支持者。她一直很喜欢看球赛，并参加一些团队运动，后来因工作忙碌才有所放下。她觉得俱乐部是北昆士兰社区不可分的一部分，许多社区

① 图片来源：北昆士兰牛仔橄榄球俱乐部官网http://www.cowboys.com.au/news-display/Cowboys--JCU-forge-historic-partnership/47353

项目对该地区做出了诸多贡献。哈丁觉得这恐怕是自己最喜欢的非教育类的委员会了。

在国内的舞台上哈丁如鱼得水，而在国际舞台上的哈丁更让人眼前一亮。

哈丁参加了一些国际董事会，其中一个颇有意思的是全球管理教育基金会。在全世界有两个主要的商学院评审机构，一个是美国的推进商学院学院化联合会（AACSB），很多商学院都会接受他们的认证；另一个是欧洲管理发展基金会（EFMD）。这两个组织长期以来一直各做各的，后来决定要合为一体，组建成为大公司。哈丁就是在此时成为这个新公司的董事会成员，参与的项目主要针对世界各个大学的商学院，这对哈丁来说是很熟悉的工作。

作为大学的女性校长，哈丁曾被邀请参加世界大学女校长论坛，却因为工作上的冲突，没能参加，这让她非常遗憾。2010年3月17日，哈丁作为世界大学女校长论坛的成员，在日本接受了日本城西大学授予的荣誉博士学位，学位授予典礼和城西大学的毕业典礼同时举办。与哈丁一样获得荣誉博士学位的还有来自世界大学女校长论坛的其他几位女性，其中有两位来自中国，一位是当时中国教育部的陈维嘉，还有一位是北京外国语大学前校长陈乃芳。城西大学校方认为，她们既是世界大学女校长论坛的成员，也是城西大学值得信任的合作伙伴。哈丁对获得荣誉博士学位感到高兴，尤其为能够认识来自世界大学女校长论坛的其他女校长感到愉快，她觉得她们很优秀，是鼓舞人心的女性，是最美丽耀眼的女性，有机会和她们相识，自己感到非常荣幸。

哈丁还被很多机构和组织授予荣誉会员或称号。如她被授予

哈丁被城西国际大学授予荣誉博士称号[①]

“澳大利亚机构管理委员会荣誉会员”称号；2012年11月2日她被授予“澳大利亚学院与教育者”称号，该称号主要授予那些在教育方面有专长的人，以鼓励他们对教育做出的贡献。澳大利亚昆士兰自然与科学院为表彰哈丁对昆士兰州的艺术与科学做出的贡献，授予她荣誉会员称号。哈丁认为荣誉会员主要是一种荣誉，也是对你在某一方面的成就做出的肯定，能够获得这些机构和社会的认可，她感到非常欣慰。

家·事业·人生

谈起丈夫时，哈丁总说，凯文在家中一直支持自己，因此整个家庭显得井然有序。哈丁觉得如果没有丈夫的支持，自己一定无法取得现在的成就。凯文很棒，是一个好丈夫，他永远都对自己大力支持，这一点让哈丁觉得非常感动；他还是一位好厨师，家里的饭菜主要由他来做；家中大小事务主要由他来管理，他也是一位非常

① 图片来源：城西国际大学网站http://www.josai.jp/en/news/2010/20100317a_e.html

好的父亲，他总是和女儿们分享他的经历。哈丁谈起丈夫唯一不能做的事情是，那时两个女儿从美国回到澳大利亚，因为要去上学，头发长过肩膀的女儿需要扎两条辫子，凯文却不会给女儿扎辫子，虽然他会努力去扎，然而用哈丁的话来说，那简直太可怕了，如果哈丁不在家，女儿们的小辫子就会是一团糟。哈丁觉得丈夫会做几乎所有的事情，却不会扎辫子，这真是太让人难以置信了。

凯文在昆士兰州政府工作，是林业方面的专家，后来成为这方面的领导。他经常去中国，尤其是中国的南方。前文提到过，他进入昆士兰州政府时就是因为要参加一个特别的项目而受聘的，那个项目便是哈丁眼中中国和昆士兰州政府之间最成功的一个合作项目。凯文是研究森林的，主要是如何种植桉树。桉树的种类很多，是澳大利亚非常有特色的植物，也是澳大利亚特有的动物考拉的食物。考拉很挑食，如果吃惯了某个地区的桉树叶，就对别的桉树不感兴趣了。正因为凯文是澳大利亚的林业学家，尤其对桉树非常在行，中国方面与昆士兰州政府的那个合作项目也正是与桉树有关。他代表昆士兰方面在中国南方的热带雨林中工作，与当地的一所林业大学合作，在东莞附近建立一个站点。凯文作为一位林业学家，在这个站点工作和生活了很多年。哈丁一家曾经在那里一起生活过一段时间，原本一家人决定要在那里再生活两年的，可是最后似乎行不通，没有能够实现。因此凯文只能一个人在那里待了很多年。他在那里建立了自己的实验室，向人们展示如何在热带雨林中种植桉树，让树存活。他有很多中国同事，2011年中国同事们带着他们的孩子来到詹姆斯·库克大学所在的汤斯韦尔市，哈丁一家对他们进行了热情的接待。凯文会说汉语，他的同事们都能理解他的意思，他还会用汉语开玩笑，他非常喜欢他的工作。2012年底，凯文再次到中国参加了该项目建立20周年的纪念庆典。

与凯文相比，哈丁去中国的次数可就少得多了，用她自己的话来说，她应该去得更多的。詹姆斯·库克大学有一个信息技术专业的教学项目与北京科技大学有合作关系，2010年，哈丁曾为此访问了北京科技大学，并参加了该合作项目第一届的毕业典礼，那对于哈丁来说是个非常特别的时刻。不过遗憾的是，哈丁去中国的次数没能像她所希望的那样多。

哈丁和丈夫因为工作原因常常会出差。丈夫经常去中国或者去昆士兰州的乡村，哈丁则会去澳大利亚的各个地方，有时也会出国，两人似乎总是在路上，不过他们早已习惯这样的生活。一个新的变化是，2012年底丈夫凯文从政府退休后，开始做一些咨询工作和一些国际工作。哈丁一家在汤斯维尔的乡村有一所房子，凯文很愿意在房子周围种一些树并且在那里生活。因为房子距离詹姆斯·库克大学的凯恩斯校区只有一个半小时的车程，所以哈丁就能够在周末回家。虽然还未对将来作具体的安排，但是哈丁夫妇相信，一切都会变得很好的。

2013年，哈丁的两个女儿打算结婚了，她们的未婚夫们也和凯文一样都是非常好的人，女儿们或许因为看到父亲总是在家里帮忙做家务，而哈丁的父亲、孩子们的外祖父也经常帮着妻子干活儿，所以她们也找了能够在家帮忙的未婚夫。哈丁觉得他们对自己的两个女儿来说再合适不过了。作为24岁和27岁的年轻女性，哈丁觉得两个女儿能够选择结婚是件有意思的事。或许这一点上，一家人都受到了哈丁父母的影响。在2012年初，大家为哈丁的父亲和母亲庆祝了他们的“钻石婚”，也就是60周年纪念。因为哈丁的多数亲戚都生活在堪培拉，那一晚，一大家子人聚在一起，为这对一起走过六十年风风雨雨的老人在堪培拉庆祝纪念日。哈丁一直都是家中最为活跃的那一个，晚餐时，她在大家面前作了一番讲话，表达了祝贺与感慨后，便询问父母的孙辈当中是否有人想发表一些感言，对祖父母说些什么。让哈丁感到意外却又惊喜的是，一个一直不善在众人面前言谈的侄子真切地表达了自己对祖父母无比的热爱，他觉得祖父母对21岁的自己来说非常重要。这样的发言对他这个侄子来说十分不易，哈丁感到欣慰。轮到小女儿发言了，她和母亲一样，也是家中十分活跃的一个。她细数了所有的兄弟姐妹中，有一个已经结婚，另外几个或者已经订婚，或者即将结婚，其他的则因为太小还不用考虑婚姻问题。她觉得在当今的时代，大家庭中适龄的兄弟姐妹们都公开承诺一生与自己的另一半在一起，这在当今这个时代是非常难得的。因为这个社会中的许多人并不想做这种选择。她要表达的重点是，她觉得都是因为祖父母为他们树立了好榜样，因为他们相濡以沫，用他们的慈爱支持整个大家庭，而家庭中每一个成员对祖父母是那么的爱戴，所有这些都是鼓励她的兄弟姐妹走入婚姻殿堂的理由。女儿的发言也道出了哈丁的心声，哈丁深深感受到了父母在一起的美好，他们在共同生活的日子里，相互扶持、相互依靠，相亲相爱地成就了今天的大家庭。

如今，哈丁年过八旬的父母亲依然健康，用哈丁的话来说，他们是你所见过的最好的人。他们是智慧的父母，对儿女的需要全力支持。哈丁在谈起父母时自豪地表示，虽然自己是年过半百的女儿，如果她告诉父母需要他们的帮助，父母会毫不犹豫地启程来到哈丁身边。哈丁觉得自己能够拥有这样的父母，真是幸福。

如今的哈丁依然工作在校长的岗位上。她从事管理工作近二十年了，她永远热情洋溢，在茫茫人海中那个最有活力的人便是她。

从一个年仅十岁指着墨尔本大学做大学梦的小女孩到真正走进大学的年轻人，从踏入婚姻殿堂到养育两个女儿，对于一名女性来说，这是非常自豪的，她已经完成了人生中最为重要的事，但在哈丁这里还只是人生的开始，她追求卓越的梦想才刚刚起步。

她从来就没有因为是女儿身而停下脚步，她走过的每一步都是那么坚定而又执著。在她的回忆中从不曾透露出她奋斗的艰辛，她那双美丽的大眼睛是那样的深邃，总是目视前方那很远处。她自强不息，向自己热爱的专业进发。读研时一边工作一边读书，家里还有嗷嗷待哺的孩子，颇为不易。读博士还要带着两个孩子背井离乡，同样不易，但在她的回忆中，真找不到半点畏惧。从她面临系主任职位的抉择到主动去争取校长的职位，她历经了从青涩到成熟的阶段，在男性占主导地位的职场，女性当主角永远是凤毛麟角，她却是那一颗总闪烁着璀璨光芒的明珠。哈丁以她的不懈努力，站上了她人生的制高点，她就像那展翅高飞的雄鹰，永远在天空翱翔。

莱宁·福德(1935-)

格利菲斯大学名誉博士，格利菲斯大学董事长。1935年出生于加拿大，1954年随丈夫移民澳大利亚。1970年于昆士兰大学法律系毕业，获法学学士学位。1990年至1992年任国际女性组织——崇德国际社主席。1992-1997年成为澳大利亚昆士兰州第一位女性州督。2000年担任格利菲斯大学董事长。获昆士兰1991年度人物称号、澳大利亚爵级司令勋章、澳大利亚百年纪念奖章。

In 1935,Leneen Forde was Born Leneen Kavanagh in Ottawa, Canada.She moved to Australia with her husband in 1954.After graduation with the Bachelor of Laws degree from the University of Queensland in 1970 and she was employed as a solicitior in 1971. She was President of Zonta International from 1990 until 1992. Leneen Forde, AC was the first female Governor of Queensland from 1992 until 1997. In 1998, Mrs Forde was appointed to chair the Commission of Inquiry into Abuse of Children in Queensland Institutions. In 2000, she became chancellor of Griffith University. Mrs Forde was awarded 1991 Queenslander of the Year, appointed a Companion of the Order of Australia in 1993, and a recipient of the Centenary Medal in 2003.

美丽人生

——格里菲斯大学董事长莱宁·福德

生命中的每一次挫折或者变故，都带着同样或更大的裨益的种子。

Each mutation of a setback or disadvantage is armed with the same or larger benefit of seed.

——拉尔夫·瓦尔多·爱默生

Ralph Waldo Emerson

如今耄耋之年的莱宁·福德依然在格里菲斯大学董事长的岗位上奋斗着，保持着她一贯的坚持与执著。身为女性，她从事过的职业跨度很大，从女律师到州总督，从政府官员到大学董事长，她真正创造了人生的辉煌。人们如果了解到她曾经遭受的坎坷，可能会因为是那般的悲惨而唏嘘不已。是什么力量让她从困境中站立起来？她是怎样的性格？她的追求又是什么？她那谜一般的人生有待一一展开……

雪色的梦幻

1935年5月12日在加拿大首都渥太华，一个漂亮的女婴呱呱坠地了，父母给她取名为莱宁·卡瓦纳（出嫁后改姓福德），她是这个家庭的第二个女儿。

莱宁出生在一个十分传统的家庭，家里虽然算不上富有，却也可以安心度日。在莱宁的记忆中，父母对她们总是悉心呵护，让她们感觉非常温暖。生活中似乎没有什么值得烦恼的事情，大概因为是家中最小的女儿，莱宁从小对生活充满了安全感，虽然不知道幸福究竟应该是什么样儿，但温暖而快乐的童年生活成为莱宁的美好回忆。

莱宁的父亲约翰来自一个贫穷的天主教家庭，约翰的父母对他在学习方面的期望很高，而他也没有辜负父母的期望。从12岁到27岁，约翰一直努力学习并获得各种奖学金的支持。他最喜欢的是医学，然而因为当时没有该领域的奖学金资助，他便转而学习其他，每每对女儿们谈及此事他总是很遗憾。他不曾想过，正是因为他的影响，女儿们的潜意识中也对医学产生了浓浓的喜爱之情。约翰一直在加拿大的公共服务领域工作，并最终成为农业部总干事。

莱宁的母亲来自一个大家庭，自从嫁给莱宁的父亲后便全职在家，每天洗衣做饭，悉心照料着两个孩子。在莱宁的记忆中母亲并不常表现自己的情感，不过莱宁还记得，有一次自己的指甲不小心受伤了，鲜血直流，她跑去母亲那里，母亲看到后心疼地落泪了。莱宁对母亲的哭泣感到震惊，而这也是莱宁记忆中母亲唯一一次如此感性。虽然年幼时对母亲的记忆并不算清晰，只觉得母亲对自己充满了爱，但是谈起长大后对于母亲的认知，福德发现母亲是不同寻常的。她个性幽默，外向活泼，是一位了不起的女性，年近九十依然神采奕奕，自己做针线活，料理自己的生活，并对自己的仪容十分注意。[1]所有这些，都是莱宁小时候不曾注意到的。

在莱宁的记忆中，每到周末，父亲、母亲带着姐姐和莱宁一家四口去安大略的郊外游玩，莱宁总是欢呼雀跃地在大自然里尽情奔跑。每年到了圣诞节，当皑皑白雪覆盖了这片美丽的土地，莱宁的家中便放上了圣诞树。装扮圣诞树是莱宁最盼望的时刻，在树上，全家一起用各种精致的小糖果装点，有小铃铛、小礼盒，还有小拐杖；在树下，每个人都会放上一件自己精心准备的圣诞礼物。银装素裹的天地之间，当黑夜拉下它天鹅绒般的帷幕，家里便生起了壁炉，大家围坐在一起吃火鸡、唱圣诞歌、玩游戏……莱宁的童年在年复一年的温馨中欢乐地度过。

在莱宁的记忆中，父亲是一位非常慷慨又有亲和力的人，他的身边有很多朋友。父亲在家总是掌管家中大事，对孩子们非常严格且公平。莱宁小时候总爱称父亲为"长官"（Sir）。虽然父亲在很多问题上都很保守，但对于女性受教育的问题却十分支持，并对两个女儿在学习方面有着较高的期望。

谈到女性的教育问题，就不得不先提一提加拿大的女性争取包括教育在内的权利的历史。加拿大的第一次女性主义浪潮出现在19世纪末、20世纪初，主要追求的是女性在公共生活领域的权利，虽然争取女性受教育的权利也有一定成效，但在那个时期并不是重点。[2]

第二次女性主义浪潮主要出现在二战期间及二战以后，因为

---

① White, AnneMarie. *Women who win*, Rockhampton, Qld : Central Queensland University Press, 2002. p.110.

② Prentice, Alison. et al. *Canadian Women:A History*. Harcourt, Brace, Jovanovich.1988.

多数男性入伍直接参加战争，许多女性自愿承担战争的服务工作，并逐渐有女性加入军队中的各种工作。为了国家继续正常运行，许多女性开始参加各个层面的工作。最初各种工作招聘的是未婚或者已婚但没有孩子的女性，后来随着需求的增加，有孩子的女性也开始参加工作。为了解决照顾孩子的问题，加拿大在全国范围内开始建立临时的托儿所，不过这种为支持战争而建立的托儿所在战争结束后便停止了。

战争结束，政府要求女性回到家中。然而战后有女性开始寻求相关的帮助，试图去解决那些曾经参加战争的女性在战后所面临的问题，包括争取女性接受培训与再培训从而能在战后获得工作的权利。虽然这一时期争取女性接受职业教育及其他方面的权利无疾而终，但这些内容后来在1970年加拿大皇家委员会的报告中被重新提上日程。[①]

应该感谢女性运动带来的影响。在那个时代，有不少开明的父母，会送女孩子去接受初级教育，莱宁的父母就是这样。到了该上小学的年龄，父母便把莱宁送进了姐姐就读的圣约瑟夫女子小学。小学的老师都是修女，莱宁学到了许多关于人性、生活、善心、语言与演讲的知识。在后来的回忆中，她认为学校里的修女们对她早期的影响很深。小莱宁天资聪慧，学习也不错，经常受到老师的表扬。不过因为莱宁的父亲在两个孩子的教育方面非常严厉，经常会检查莱宁和姐姐的作业，并要求她们在学校里都要有出色的表现，所以每当小莱宁没能考到最好时，回家便满心紧张。

---

① Prentice, Alison., et al. *Canadian Women:A History*. Toronto: Nelson Canada. 1996, p. 322.

莱宁就读的是女子小学，这在如今的年轻人看来不好理解。其实在那个时候，女子有书读是不容易的事。在20世纪40年代的加拿大，男女分开上小学是非常普遍的。直到70年代，加拿大才在政府层面正式提出这个问题。在1970年皇家委员会关于女性地位的报告中提出了许多建议，其中有一章是关于教育的内容。建议提到此前这个国家的女性没有能够获得与男性同等的教育机会。这也是加拿大现代历史上第一次正式在政府文件中提到相关内容。大多数建议主要关注的是女性的高等教育（这里的高等教育主要指高中以后的教育而非专指研究生教育）与职业培训，不过这些建议最终影响了小学和中学的层面。有一些条款直接提到了中小学层面的教育，例如“委员会建议（1）……各省与地区①为小学和中学提供关于男女同校的指导性项目，这样的项目还不曾有过；②鼓励女孩儿和男孩儿根据他们拥有的技能继续接受高等教育，并考虑所有的职业领域。”[①]

除了对莱宁和姐姐从小学就开始严格要求外，父亲也会教姐妹俩滑雪、打网球、玩纸牌，并常常带着她们去散步，让她们在接受各种培训的同时尽情地享受童年的欢乐。在莱宁的回忆中，每当夏季来临，渥太华清澈的湖泊便成了小莱宁和朋友们玩耍的乐园。只要有机会，莱宁便和朋友们一起去湖里游泳，周末还和父母一起去湖边野营呢。秋去冬来，当雪花在天地间飞舞，莱宁便开始和朋友们一起筹划着去山坡上滑雪。在加拿大，一年中的大部分时候还是凉意阵阵的，因此人们更愿意有人把报纸送到家门口，小莱宁家

---

① Bird, F.(Chairman). *Report of the Royal Commission on the Status of Women in Canada*. Ottawa: Information Canada.1970. p.183, 187.

亦是如此。有一个和莱宁差不多大的男孩儿每天早上都会把报纸送到莱宁家的门外，然后到了周末，他便会上门来，那个时候莱宁的家人就会把一周的投递费付给他。因为每周如此，莱宁便与这个男孩渐渐熟络了起来。

右数第三个小男孩儿就是小杰拉德·福德，左数第二个是他的父亲，曾做过昆士兰州总理的弗朗西斯·福德

那是一个暖洋洋的冬日的晌午，13岁的小莱宁正和朋友们一起在雪地里滑雪，远远地便看见了那个送报纸的男孩儿，还有和他一起玩耍的杰拉德·福德（Gerard Forde）。从此莱宁便认识了小杰拉德。言谈间莱宁得知小杰拉德并不是加拿大人，因为父亲是澳大利亚驻加拿大的高级专员，他便跟着父亲来到这里生活。

谈到这里，让我们先认识一下小杰拉德的父亲：弗朗西斯·福德（Francis Forde）。在澳大利亚前任总理约翰·科廷（John Curtin）去世后，1945年7月6日至13日，弗朗西斯做了八天的澳大利亚总理。他自始至终对自己所在的工党忠心耿耿，任联邦国会议员24年，联邦国会工党副领袖14年，以及反对党副领袖9年。1931年，弗朗西斯任斯卡林（James Scullin）政府的海关与贸易部长。因为要出任科廷政府的军事部长，弗朗西斯于1941年带着妻子和四个正处于学龄期的孩子举家离开罗克汉普顿（Rockhanpton），迁往悉尼，不过他的离开被认为是他1946年落选的重要原因之一。从1945年8月开始，弗朗西斯任奇夫利（Ben Chiefley）政府的副总理，这也是他从1932年起就一直担任的职位，直到落选那年。他曾经与总理的位置擦肩而过，那是在1934年的选举中，他以一票之差落选，科廷当选总理。除了这些让人失落的事实外，他以自己的忠诚竭尽全力扶持两位总理并支持他们的政策。

1946年，当他在罗克汉普顿所在的开普林科尼亚（Capricornia）选区落选后，他被任命为澳大利亚第三位驻加拿大高级专员，并在该职位上工作了7年。[1]

让我们再来看看杰拉德的母亲维拉·福德。当弗朗西斯出任澳大利亚总理时，维拉已经做了二十年的"政治妻子"。虽然没有能够像科廷总理的妻子那样为科廷争取选民，然而维拉依然在弗朗西斯任职副总理期间陪同公务旅行时扮演了自己的政治角色。1945年4月，维拉随同澳大利亚代表团参加在美国旧金山举行的联合国制宪会议，正是在这次会议上通过了联合国宪章，联合国随之成立。在她抵达旧金山后，维拉接受了一次广播采访，她被称为该会议的"第一位女性代表"。虽然她不是20位正式的澳大利亚代表团成员之一，然而她需要参加一般的仪式，并接受报纸和电台的采访，同时在美国和伦敦发表讲话。维拉在讲话中主要谈了战争对家庭、对在澳大利亚的美国军人、对战时配给以及对澳大利亚女性防卫力量的影响。

从1947年至1953年，维拉扮演了另一个澳大利亚的官方角色——驻加拿大高级专员的妻子。福德一家人居住在位于渥太华的澳大利亚高级专员公署。那是一所1910年建成的府邸，1940年设立高级专员一职后澳大利亚政府便购买了该府邸，成为专员公署。与前两位专员威廉（William Glasgow）和阿尔弗雷德（Alfred Stirlin）不同的是，弗朗西斯把一个充满活力的家庭带入了这个公署。他们的三个女儿玛丽、麦西亚和克莱尔分别15、17和19岁，儿子杰拉德当时12岁。公署的一楼是专员举行正式活动的场所，同时也

① 澳大利亚国家档案：http://primeministers.naa.gov.au/primeministers/forde/index.aspx

是特别家庭聚会的场所。[①]而当时莱宁的家就住在公署附近。杰拉德与莱宁的故事正是从弗朗西斯落选后任职渥太华开始的。

让我们再回到两个年轻人相遇的日子，回到杰拉德随着父亲弗朗西斯来到加拿大的日子。澳洲的冬日是没有雪的，因此刚到这里的小杰拉德对皑皑白雪充满了新奇，便开始跟着当地的男孩儿学滑雪，玩得不亦乐乎。杰拉德就这样开始爱上滑雪，每每到了雪后的晴日，杰拉德便会拉着新认识的朋友们去白雪覆盖的小山丘滑雪。那一天，一场大雪刚过去，金色的阳光洒落在这银装素裹的渥太华的大地上。远远的，一个灵动的女孩儿闯入了小杰拉德的视线，在白雪中、阳光下，他仿佛看见了一株美丽的白色延龄花[②]。这是一个多么美好的季节啊，两个情窦初开的少年，带着一分羞涩、几分好奇，开始了一段美好的初恋。莱宁欢乐的少年时光多了一个伙伴，心中有了一个他。

加拿大的基础教育是九年制，之后孩子们便会进入高中。不过在莱宁的姐姐进入公立中学读书后，父母意识到公立中学的修女们并不能教给孩子们太多学术的知识，于是便在莱宁毕业后将她转到了著名的利斯加学院（Lisgar Collegiate，在当时乃至今天都被认为是全加拿大最好的私立中学之一）。[③]利斯加学院的前身是戴尔郝希街区中学（Dalhousie District Grammar School），1843年它在

---

① 澳大利亚国家档案：http://primeministers.naa.gov.au/primeministers/forde/spouse.aspx

② 白色延龄花：White Trillium，福德的家乡加拿大安大略省省花（渥太华为安大略省第二大城市）。

③ White, AnneMarie. *Women who win*,Rockhampton, Qld : Central Queensland University Press, 2002. p.111.

年少的莱宁[1]

加拿大首都渥太华市成立，共招收了40名学生。建校之初，学校换了多处校址，并几次更名。1861年，学校迁至女王街。正是在女王街的那段时期，一条关于高中能够招收女学生的法案通过。后来学校迁址迈特卡尔夫街道（Metcalfe Street），校长博斯韦克（H.J.Borthwick）为"希望继续英语学习的年轻女士们"开设了一个小班，每天下午两小时的学习时间，由校长亲自授课，当时共招收了18名学生。《1871年教育法案》中提到，女学生应当全面地参与到学校的学习和生活中去，因为当有更多的年轻女士出现在校园中，男孩儿们会更加有礼貌且勇敢。事实证明确实如此。

虽然当时的法案并未从不同性别有平等的受教育权利出发，但这条法案依然让中学女性学生的比例有很大增加，客观上促进了女性受教育权利的实现，也为后来1970年皇家委员会关于女性地位的报告奠定了基础。1871年，该学校升级为加拿大南安大略省的七所高中之一——当时能够被称为高中的学校必须至少教授四门以上的特色课程，尤其是古典文学、现代文学、英文和数学，因此这对

① 图片来源：White, AnneMarie. *Women who win*, Rockhampton, Qld : Central Queensland University Press, 2002. p.110.

1922年的利斯加学院[①]

学校来说是非常高的荣誉。1873年学校更名为渥太华学院，迁址毕蒂街。1880年，毕蒂街更名为利斯加街道——利斯加是当时加拿大第二任总督的姓氏。1922年学校重组，更名为渥太华利斯加街学院，并很快更名为利斯加学院。利斯加学院开始在各方面显示其实力，尤其在体育和音乐方面，获得了许多奖项。二战期间，大部分从利加斯学院毕业的校友都参加了战争，还有一位获得了十字勋章，那是极高的荣誉。

① 图片来源：http://en.wikipedia.org/wiki/File : Ottawa_Collegiate_Institute.jpg

20世纪50年代，学生们在利斯加的学习生活总体而言是快乐的，莱宁在这个时期进入学院学习。这一时期在学院中有许多俱乐部，内容涉及体育、音乐等等，因为俱乐部正处于活动与成功的顶峰，学生们的课余生活显得较为丰富。这段时光虽然快乐，然而1953年，加拿大军队为加入朝鲜战争征兵，校报的一项调查显示，50%的学生相信核武器的应用会引发第三次世界大战。与此同时的调查结果还表明，仅有60%的学生想进入大学继续深造。在50年代，利斯加学院还经历了一些外部的改变：图书馆被改建，在学院的主楼走廊上悬挂了一战与二战的纪念牌匾，还有各种比赛的奖状。[①]莱宁高中的学习就在这样的环境中度过。不过有调查显示，并不是每个人都会完成高中的学业，莱宁的许多同学读到一半便辍学了，有的会直接去工厂工作，那个时候他们大概16、17岁。但在上学这个问题上，莱宁的父亲是非常坚持的，他认为莱宁和姐姐都必须读完高中。不过父亲并没有要求两个女儿去上大学。

因为义务教育的机制，一般而言，男性和女性接受正式的教育主要是到15-16岁，这个阶段之后，女性对下一阶段教育的参与度与男性相比直线下降。16岁到20岁的男性继续接受高等教育的比率从80%降至25%，而女性则从同样的比率降至15%。有学者认为，女性接受教育的比率下降得更多主要有两个原因：其一，女性在小学和中学阶段完成学业的速度普遍比男性快，也就是说，更多的女性能够按时完成小学与中学的学业，因此高于当时学生普遍年龄的女性人数要比男性少；另一方面，女性参与高等教育的比率普遍低

① Finnigan, Joan. Lisgar Alumni Association, Lisgar Collegiate Institute, 1843-1993, *Lisgar Alumni Association*, 1993. p.219.

于男性。[①]

二战以后，进入大学学习的学生人数开始增加，当时预计，到1955年能够达到1945年人数的两倍。人数的增加主要因为接受大学教育开始流行，同时社会对大学毕业生的职业需求也开始增加，尤其是女生人数的增长比例高于男生。与此同时，加拿大的女性大学生开始涉足以前从未涉足过的“男性专业领域”，如医学、建筑学、法学，甚至工程学[②]。而医学正是莱宁的姐姐后来选择并就读的专业，也是莱宁长大后所梦想的职业，这一时期的社会变革让莱宁最初的职业追求与姐姐的选择成为可能。

莱宁的姐姐在高中毕业后考上了大学，这在当时是不多见的，而莱宁在毕业后到安大略省的一家医院成为医学实验室技师。大概因为受到父亲的影响，成为医学实验室技师的莱宁对医院有着无比的热爱，想做一名医生来实现父亲未能完成的心愿，便是莱宁的最大梦想。在以后的日子里，莱宁也曾因为好奇，在大学修过一些艺术学的课程，但从未想过要正式走入大学校门，攻读学位。不过在加拿大，莱宁也始终没有拿到艺术学的学位，因为在毕业之前，她已离开了加拿大。

1953年，杰拉德的父亲弗朗西斯在加拿大的高级专员任期结束，举家回到澳大利亚。

此时，杰拉德在加拿大也完成了中学的学习，随全家回到澳大利亚。临别前对莱宁虽有诸多的不舍，却不得不就此话别，不过两

---

① Martin, Wilfred B.W., Macdonell, Allan J.*Canadian Education:A Sociological Analysis*. Prentic-Hall of Canada, Ltd, 1978, p.212

② Wilson, J. Donald., et al. *Canadian Education:a History*. Prentice-Hall of Canada, Ltd. Scarborough , Ontario, 1970, p.420

个年轻人在告别时约定，莱宁找机会一定去澳大利亚，去杰拉德的家乡看一看。在那个时代，年轻女孩儿们对未来没有太多的设想，最期待的便是能够找到一个白马王子，然后幸福快乐地生活在一起。年轻的莱宁也是如此，一直以来，她都满心地希望能够嫁给这个自己爱慕已久的澳大利亚男孩儿，然后过着幸福的生活。

于是，在杰拉德离开后，莱宁便开始努力工作，为澳大利亚之行攒够买机票的钱。经过整整一年的时间，莱宁终于攒够钱并买了去往澳洲的机票。1954年11月，即杰拉德离开后的第二年，19岁的莱宁独自登上从洛杉矶飞往悉尼的班机。她告诉自己，我只是去澳大利亚看一看，那是个什么样的地方，也去看看杰拉德，看自己是否还对他爱恋如初。后来回忆起当时父母在机场送行的情景，莱宁依然觉得很有意思，因为那一天父母带着她来到机场，离别时只说了声再见，然后便静静地目送她远行，没有过多的话别，也没有什么特别的挽留之词。莱宁有时在想，也许因为他们真的很喜欢杰拉德，或者他们当时认为这两个年轻人很快就会回来吧。

告别父母的莱宁开始了她的第一次出国旅程。对莱宁而言，那是一次真正的长途旅行，坐了整整两天一夜的飞机。飞机上的时光难免有些无趣，飞行员们请莱宁和其他乘客去驾驶室闲聊。飞行员们大概想要逗逗这个第一次到澳大利亚旅行的年轻女孩儿，便开始给她讲各种惊险的故事，不是鲨鱼就是那些有毒的眼镜蛇。闲谈之间，飞机上的旅程很快就结束了，在莱宁的脑袋中除了期盼外还多了几分对惊险故事的害怕。在澳大利亚的悉尼机场下了飞机，莱宁又辗转了许久，终于抵达布里斯班——昆士兰州的首府。莱宁与澳大利亚的第一次亲密接触就这样开始了。

如果说莱宁还心存几分害怕，在踏上布里斯班的土地时，心中那一丝丝害怕也烟消云散了。这是个多么温暖的国度，与一到冬日便冰天雪地的加拿大相比，这里似乎每天都是夏天。这里的氛围是惬意的，人们喜爱板球、足球和垒球，虽然莱宁不知道板球，也不懂足球，只对垒球略有了解，不过这些似乎并不影响莱宁对这片土地的喜爱。这里的海滩是美丽的，在阳光的照耀下金色的沙滩顺着坡度缓缓地伸向大海，海水卷着波涛向岸边涌来，在莱宁心中增添了一份热烈的情怀。

每个白天莱宁都去杰拉德那里，到了傍晚她便会在汽车站等车，然后回自己住的旅馆。那时候，莱宁住的是一家小旅馆，澳大利亚当时有一条法律规定，旅馆晚上六点关门，因此住在旅馆里的人都会在天黑前买上6瓶啤酒，然后在旅馆中度过整个夜晚。虽然莱宁不会喝酒，这样奇特的氛围依然让她觉得十分有趣。另一个让莱宁感到兴奋的便是沙滩了。莱宁在人生中第一次见到那金灿灿的沙滩，高高的棕榈树，长在树上的香蕉，还有那蓝色的无垠的大海，脚下蜿蜒的马路仿佛忽然消失在大海之中，多么令人陶醉啊。即便很久以后，每每踏上那片海滩，莱宁依旧能够感受到那初识时沁人心脾的美丽。

见到杰拉德，莱宁觉得自己找到了真爱。杰拉德幽默地对莱宁表白：莱宁转了半个地球来到澳大利亚，他除了和她结婚还能有别的选择吗？于是两个年轻人决定结婚，杰拉德也答应莱宁会和她一起回加拿大的。

那时的杰拉德想成为一名律师，便努力申请加拿大政府奖学金，支持他完成两年的学业。与此同时在海军服役的杰拉德还向澳大利亚海军申请并获得了一部分奖学金，足够支持他完成两年以外的学习。获得两方面的奖学金后，杰拉德便开始向加拿大最好的法律学校申请法学课程，莱宁也申请了在加拿大的医学学习。

很快的莱宁便和杰拉德订婚了，订婚那天是1955年的2月14日，情人节。莱宁和杰拉德选择了这个特别的日子，也为未来许下了美好的愿望。订婚宴请结束后，婚礼便提上了日程。一方面，莱宁是非常希望自己能够在20岁生日以前举办婚礼的，而这一年的5月莱宁就满20岁了；另一方面，莱宁和杰拉德都申请了加拿大的大学，莱宁申请的是医学，而杰拉德则是法学，如果顺利的话，加拿大的学校9月便开学了，两个人需要在9月以前回到加拿大。于是这对年轻的爱侣决定就在同年5月、莱宁的20岁生日前结婚。

这对年轻人一边紧张地准备婚礼，一边还要准备回加拿大。然而命运似乎和两个人开了个大玩笑，就在他们兴高采烈地准备之际，加拿大政府方面给杰拉德传达了这样一个消息：加拿大学习律师的学生过多，可能没有多余的奖学金资助杰拉德的律师学习，如果他感兴趣的话，加拿大政府可以给他提供医学奖学金。

事实上在1957年以前，加拿大法律协会控制着安大略省的法律高等教育和律师资格的审批，直到1957年，该协会才决定让出一家独大的地位，同意安大略省的其他几所大学建立法学院。因此，在杰拉德申请法学奖学金的时期，他遭到加拿大方面的拒绝，便没有其他选择，至少他将无法在安大略省获得其他资助。另一方面，由于公共卫生服务项目的增加，医学教育受到了较大影响，不仅在大学扩招内科与外科医生的培训，而且负责教学的医院等机构也要扩大规模。与此同时，在医学研究领域，对健康科学、医学、护理学等学科间相互依存关系的认识有所提高，它们之间的联系也开始逐渐体现在许多大学的学科设置上。[①]这一时期医学方面的需求剧增也是加拿大政府可以为杰拉德提供医学奖学金的原因，而莱宁被顺利录取也受益于这个时代背景。然而澳大利亚海军的奖学金对于专业的选择是有限制的，杰拉德自己也更倾向于学习法律。

当时加拿大的学习费用相当高昂，而在当时的澳大利亚，大学教育的收费相对低廉。20世纪50年代初，澳大利亚几所州立大学一年的学费占当时普通工资的2.5%左右[②]。1950年，澳大利亚联邦政府发布了一份关于大学需求的报告（1950Mills' Interim Report by the Commonwealth Mills Committee on Needs of Universities），直接导致接下来一段时期内政府对大学资助的增加，尤其为政府制定对大学持续的财政支持政策奠定了基础[③]。正是在这种大环境下，杰拉德获得了海军的奖学金。综合考虑学费和奖学金的因素，如果在澳大利亚学习，他将能够比较轻松地完成学业。因此，从未想过涉足医学的杰拉德选择放弃到加拿大学习，转而选择澳大利亚的大学。杰拉德与莱宁两人共同做出了一个他们人生中举足轻重的决定：就此告别加拿大，定居澳大利亚。

---

① Wilson, J. Donald., et al. *Canadian Education:a History*. Prentice-Hall of Canada, Ltd. Scarborough , Ontario, 1970, P432, 433

② National Union of Australian University Students, Abolition of tertiary education fees, Melb : *National Union of Australian University Students*, 1970, p.6.

③ Harman, G.S. and Selby-Smith, C.eds, *Australian higher education: problems of a developing system*, Sydney : Angus and Robertson, 1972.p.84.

美丽童话

这对年轻人定居澳大利亚的幸福生活就这样起步了，恍然若梦，却又触手可及。决定留在澳大利亚的莱宁用自己准备买回程机票的钱买了一辆摩托车。那是一辆500马力的胜利牌摩托车，看着非常男性化，而且在那个年代一个女孩儿骑摩托车被认为是不淑女的表现，不过莱宁并不是非常介意。同时，她还在布里斯班皇家医院的血液科找到了一份工作。

1955年5月初，19岁的莱宁在她20岁生日即将到来之际与她的王子踏上了红地毯，在美丽的布里斯班举行了婚礼。布里斯班的5月正值深秋，气候宜人，在那金黄色与红色树叶的装点下显得如此迷人，令人陶醉，就如这对新人的婚礼伴随着朋友们的祝福和新人的美好期望，虽然简单却是那么温馨。婚礼中，每一个人的脸上都洋溢着幸福的笑容。洁白的婚纱，绽放的鲜花，还有最美好的祝福，共同见证了这对年轻人完满的结合。此时此刻，对莱宁而言，人生有如童话，从此她拥有了王子、婚纱、幸福的生活。而她自己则从莱宁转变为福德夫人，随丈夫改姓福德（后文改称莱宁为福德）。

后来回忆起这段往事，福德娓娓道出了决定在这个时间结婚的一个重要理由，听来不由地让人忍俊不禁。理由是什么呢？因为在那个时代，女孩儿们一般十七八岁便结婚了，所以如果莱宁20岁还没有嫁人，会被认为成了老姑娘。当时莱宁的许多朋友们都是在很年轻的时候便带着美好的期盼结了婚，然后一起携手走过，一起成长，一起到老。

结婚以后，杰拉德在昆士兰大学学习法律，福德则在医院工作。每每谈起在澳大利亚刚安定下来的生活，福德总是深感欣慰。在福德眼中，她所遇见的澳大利亚人是热情的、友好的，尤其是在医院一起工作的女孩儿们。每到周末或者休假，她们便会拉着福德去各处游玩，美丽的海滩是她们经常光顾的地方。婚后丈夫或在军队服务或去学校学习，并不能完全属于福德，福德则去医院工作，闲暇时则流连于那迷人的海滩。

因为丈夫回家后总会给福德讲他在学习的过程中碰到的案件，渐渐地福德开始对丈夫喜爱的职业充满好奇，决定在昆士兰大学修一些法律的课程。作为法学学位的一部分，福德还需要完成一些艺术课程，于是她开始在艺术学院学习，继续未能在加拿大完成的艺术课。

一年以后，也就是1956年，福德夫妇的第一个儿子即将出世，而福德还在医院里继续工作。那时候，怀孕便意味着离职，很少有孕妇还会继续工作。不过在福德的肚子开始变得明显后，她便被调到血库工作，因为她在血液科需要到处奔走收集血液标本，而在血库工作则可以在公众的视野范围之外。福德的肚子越发明显，实验室的外套已经无法遮挡，她便换上了医生的大褂。因为在她工作的同一层，有医生的操作室，福德的装扮并不显得突兀。不过当有一天有人把医院里最大个儿医生的外套交给福德时，她意识到这是一个信号，告诉她是时候该离开了。

几个星期以后，也就是1956年10月，小麦克出世，福德便不再工作，开始专心照顾她和丈夫的第一个孩子。那时福德21岁。在后来谈及儿子出生后没有再工作的原因，福德非常自豪地表示：因为她有丈夫。

有了孩子以后，这对年轻的夫妻从银行贷款在昆士兰大学附近买了房，并搬了进去，这样他们去学校就很方便。福德的兴趣转向了对孩子的教育与培养，因为她希望自己能够成为一个好母亲。于是福德决定不再选修艺术课程，转而选修了一些幼儿教育的课程。之后十年里每隔两年，这对年轻的夫妇都有一个孩子出生。期间，福德还曾工作过一小段时间，那是第二个孩子出生前，因为福德之前所在医院的一位医生开了诊所，把一位年龄大一些的药剂师带走了，后来这位与福德熟识的药剂师结了婚要去度蜜月，福德便怀着孩子，在诊所里替了她一段时间。到1960年，福德的第三个孩子约翰出生，她作为班上唯一的一位女学生，已经完成了法律入门、刑法和法律史的学习。然而因为要照顾约翰，在接下来的这个学期，福德便没有继续学习。

如果说福德少女时代的梦想是能够过上童话般的生活，那么怎么给孩子换尿布、如何给家人做饭恐怕并未囊括于童话之中。不过这些并不影响福德成为一位好母亲，过幸福的生活。福德很喜欢孩子们，和他们一起玩耍是福德最大的乐趣。虽然做母亲很辛苦，但她依然乐在其中。福德那时的希望便是能够有10个孩子，或者更多。虽然家中谈不上富裕，但生活还算让人满意，虽然用的家具是旧的，但什么也挡不住满满的幸福。生活就这样一天又一天地度过，这对年轻的夫妻没有什么特别长远的计划，对于目前平静而幸福的生活觉得很满足。在福德眼中，丈夫总能处理好一切。

1961年，福德怀上了第四个孩子，不过她的身体并不太好，福德的父母漂洋过海来看女儿，也看看女儿一家的生活。虽然福德身体不适，然而能够和父母相聚还是那么让人愉快。不过因为父亲还未退休，不能待比较长的时间，于是在离开前父亲表示，会尽量在假期来看女儿和外孙们。同年，杰拉德从昆士兰大学顺利毕业，并开始组建自己的公司。

谈到杰拉德的公司就需要先了解一下当时世界与澳大利亚的经济大环境。1961年，世界整体的经济状况并不景气，不过一些国家已经出现好转的信号。在北美洲，从1960年第三季度开始的经济下滑在1961年第一季度逐渐停止。其中美国从1960年5月到1961年第一季度期间，工业生产指数下降了7个百分点，随后整体状况迅速复苏，到1961年底，工业生产指数比1960年的最高点高出4个百分点。在加拿大也是如此，与1960年第一季度的最高点相比，整整一年的工业生产有所停滞，直到1961年3月开始逐渐复苏，之后直到1961年底，加拿大工业生产指数一直持续增长，虽然整体的复苏速度相对美国略慢。[①]从1958年后期开始有所回升的西欧与日本的经济在1961年出现暂时性停滞。事实上，1960年西欧工业活动的扩张速度已经减缓，这种趋势持续到1961年早期。之后，西欧整体的工业生产指数与前一年持平，直到1961年第四季度才开始缓慢增长，增长一直持续到1962年的早期。[②] 整体而言，北美洲自1961年第一季度末开始直到年末的缓慢复苏并未能够使整年的产量大大高于1960年的水平。在西欧与日本，已经开始复苏的经济活动在1961年出现停滞，这一年的总体增长率相较前一年低很多。在各个工业国家，经济发展出现了不同的趋势，主要生产国的出口少量增长，主

① United Nations, *World economic survey 1961*, United Nations Publication, 1962, p.125.

② United Nations, *World economic survey 1961*, United Nations Publication, 1962, p.130.

要的国际贸易产品价格进一步下降。计划经济体制的国家虽然整体产量持续增长，然而增长的速度明显放缓。工业产量缓慢增长，而农业产量不是下降就是几乎没有增长，主要原因是不利的气候条件。在中国大陆，1960年的农业产量骤减，1961年没有任何好转的迹象，因为农业的发展状况，工业的发展也一度停滞。①

在这样的世界经济环境中，1961年的澳大利亚经济正在悄悄发生变化。总体而言，虽然1961年前两个季度，整个国家的经济还处于比较不景气的状况，不过从第三季度开始，许多指数已经显示澳大利亚经济的复苏正在进行中。总体上看，1961年，澳大利亚国民生产总值与之前萧条的状况相比增长了5个百分点，工业生产总量增加了11个百分点，零售总量上升5个百分点，私人固定资产投资总量增加15个百分点。所有这些数据显示，1961年第四季度，澳大利亚的经济活动已经开始恢复生机。零售指数和工业生产指数都体现了这一点，不过投资指标仍继续下降，最好的状况是与之前的低迷水平持平。1961年的经济下滑伴随着经济生产能力的持续增长，为国民生产总值的增加创造了空间。有经济学家认为，在这样一个经济环境中，私人投资的反应会对整个经济状况有较大的影响。②

杰拉德正是在这样一个时间开始创业。幸运的是，事实上1961年是澳大利亚接下来13年黄金时期的起点。从1961年到1973年，澳大利亚一直处于持续的经济增长、失业率低、物价适中和工资增长

① United Nations, *World economic survey 1961*, United Nations Publication, 1962, p.3.

② Lydall, H.F., the Australian Economy, February 1962, *Economic Record*, Vol 38, Issue 81, March 1962.pp.1–28.

的状况中。澳大利亚财政部的记录中这样提到，在后来这段黄金经济发展时期，澳大利亚的经济状况很大程度上受到世界经济迅速复苏的影响，还有受兴起的技术移民以及对商品的需求等的影响。[1]而在1961年开始创业的杰拉德应该说选择了一个绝佳的时期，不过在那个正处于经济刚刚出现好转迹象的时期开始创业，也可谓艺高胆大，有远见卓识。福德在后来的回忆中这样提到：如果是现在，人们可能会称他为企业家，因为1961年整个经济大环境并不景气，在那个时候开始创业是需要勇气和实力的。如果你能在那个时候经营好一个公司，那么在经济状况良好的时期便会非常成功，杰拉德就是这样一位成功的企业家。1962年，第四个孩子出生后，丈夫的事业也开始蒸蒸日上。他希望福德能够享受生活，去看看这个世界，于是他便给她买了环游世界的机票，行程路经33个地方。福德一开始觉得一个人旅行很害怕，埋怨丈夫把自己"推进"了这个世界，不过在丈夫的鼓励下，她开始充满信心，而后来的环球旅行则着实让她收获很大，这段让人难忘的经历使福德对这个世界的认知有所改变，并在她后来的人生中扮演了重要的角色。

之后一段短暂的时间里，福德过着愉快的生活。父亲退休以后，便会和母亲一起时常来看看女儿、女婿和外孙们。可是，人生有若过眼云烟，这样愉快的日子没有持续太久，一个噩耗打破了这段美好的时光，福德的父亲因为心脏病去世了。

慈祥的父亲突然去世，对于福德和姐姐都是个巨大的打击，姐

① 澳大利亚财政部2000–2001年度报告，http://archive.treasury.gov.au/documents/109/HTML/Part3_4.asp

姐一度低落了很长时间，痛定思痛做了一个决定，她一定要成为医生。家乡的一草一木让姐姐太怀念父亲，于是她借着去美国工作的机会，带着孩子举家迁往美国，离开了自己的家乡。

一波未平，一波又起。当福德刚从痛苦中平静下来，终于能过几天平淡的生活，上天却突然把这份平淡也收回了。

1964年，福德的第五个孩子尚未出生。因为家里正在装修，浴室的地板被全部揭开，而工人却未把门关严，丈夫路过时不小心被绊倒，这一跤摔得很严重，以致他一直没有真正痊愈。检查后医生告诉他，他得了癌症。

1966年1月，在一次试探性的手术中，医生发现癌细胞开始在他的体内扩散，并告诉他可能只剩下两个星期的时间。不过杰拉德一直坚持着撑到了那一年的年底。在整整一年的时间里，他录了很多录音带，希望能够以此鼓励孩子们，陪伴他们长大。他将这些录音带逐个编号，心里想着有没有落下哪个孩子，这些话孩子们能不能听懂？没有了父亲的孩子们该怎样成长？他们那么小能理解父亲的心意吗？知道自己时日不多，丈夫考虑到妻子与儿女们今后的生活问题，鼓励福德接手他的公司。因为当时法律规定，如果公司的法人因为重病或死亡无法继续运营，其家庭中如有人在学习法律或者将成为律师，可以请人打理大小事务。杰拉德认为自己的儿子将来有能力去经营他的公司，然而现在麦克却只有9岁，他希望曾经修过一些法律课程的福德能够继续学习法律，这样她便可以请人继续让公司运行，直到麦克长大接手公司。为了丈夫的期望，为了家庭的未来，福德强忍悲伤又一次开始了法律学习，福德坚持学了一年，丈夫也支撑了一年。

1966年12月24日，平安夜，丈夫撒手人寰，在这个凄风苦雨之夜离开了痛彻心扉的福德与5个嗷嗷待哺的孩子。美丽的童话竟以这样悲伤的结局落幕。

逆境求生

丈夫的去世让福德从幸福的顶峰一下坠落到痛苦的谷底。丈夫去世后，留下一笔丰厚的保险金，足够整个家庭继续生活一段时间。为了能够让这笔钱有所收益，福德便委托丈夫生前的好友将保险金拿去投资，不幸的是，因为投资失败，这一大笔资金就这样瞬间化为乌有，这真是雪上加霜，让福德不知所措。与此同时，福德还要继续支付遗产税，因此差点没能保住家里的房子。

家里的经济状况骤然变得堪忧，也把福德拉回到现实。眼前有五个孩子需要供养，身边没有别的亲人可以支持，一个女人要代替丈夫去支撑起整个家庭，在当时的社会环境中是相当困难的。福德该怎样做才能让生活沿着自己的轨道继续前行呢？或许曾经有过那样一刻，福德的脑海中闪现过放弃的念头，然而面对五个孩子稚嫩的目光，强烈的母爱让她产生了责任与希望，福德选择了坚强地去面对。她虽然相信人生路上有平坦亦有坎坷，可当这样残酷的事实降临到自己的身上，还是痛苦难当的。

当时的福德已经坠入人生的谷底，她的经历使她更能理解那些正在经历苦难的人们的感受。这也是为什么她在后来的“虐童调查”中能够对那些孤儿的经历有如此深切的理解与同情。在谈起后来那次调查时福德提到，那些孩子们很多并不是孤儿，只是他们的父母因为经济的条件或者精神的问题无法把这些孩子们养大，于是他们便沦为孤儿。福德在回顾自己的人生时，对自己当时能够选择坚强，自己可爱的孩子们能够在她的呵护下长大成人感到非常欣慰。

回忆起那段时光，福德依然觉得需要感恩。因为当初结婚时，福德与丈夫选择定居澳洲，这个正确的决定不仅解决了当时的困难，更给眼前的困境留下了生机。当年做决定时一个非常重要的原因便是加拿大的学费相对昂贵，而澳大利亚的大学教育在当时费用低廉。在丈夫去世后，福德考虑更多的是养家糊口的能力问题，她认为只有完成学业，才能对长远的生活产生最大的裨益，于是福德决定再次读书。因为之前曾涉足医学和法律两个专业，所以福德希望权衡利弊，两者取其一。福德心中的学医梦一直萦绕心头，从自己的爱好考虑，应当选择学医，继续自己的梦想，然而如果继续做一名药剂师：第一，药剂师的工资不高，要将孩子们带大比较困难；第二，学习医学占用的时间很多，福德需要每天都在实验室度过，晚上还要待在医院，这对于要腾出时间照顾五个孩子的福德来说，难度太大。与医学相比，如果福德选择已经修了两年的法律学习，情况就大不相同：从薪酬方面来看，律师的薪水比较高，那么福德抚养孩子相对没有那么艰难；从课程的安排看，福德可以选择上午去上课，下午回家做饭、照顾孩子们，晚上做好晚饭、等孩子们吃完了上床睡觉，福德便可以再回到学校完成一天的学习。

于是福德思考再三，坚定地做出了改变她人生的决定：重新回到大学，继续法律学习。

福德就读的是昆士兰州当时唯一的一所教授法律的大学，也就是昆士兰大学。毕竟是四年的大学生涯，说短不短，但要说长也不算长。因为每天的生活、学习非常忙碌，以至于福德没有感觉到时间在飞逝。她不仅需要学好各门课程，还要照顾好孩子们的生活起居，现在想来当时孩子们还是非常听话的。在回忆起当时的情景时，福德淡淡地描述了每天的生活："那时我去上学，孩子们就自己在家里，也没有人知道家里没有大人，他们就自己照顾自己……"这在常人眼里是非常辛酸的事，孩子一个比一个小就像阶梯似的，大的带小的，吃喝拉撒自己料理，懵懵懂懂地生存。母亲对孩子都是牵肠挂肚的，即便孩子们非常乖巧，一颗做母亲的心总是放不下，而福德每天需要离开孩子身边实在是一种无奈的选择。为了有能力去抚养孩子们，炽热的母爱让她勇往直前、全力拼搏。她没有一点迟疑，没有任何怨言，默默地为孩子们付出，这种看似平淡的生活背后实在包含着太多的艰辛。

当时，带着五个孩子的福德已经31岁了，重新回到大学，这个年龄在同学们当中是最大的，其他的学生都很年轻，只有20或21岁。福德所上的大学与以前相比在硬件设施方面还是有了一些变化。当时新的法律图书馆刚刚建成，还在进行最后的整修，每天从早到晚噪音不断，学生们去校长办公室抱怨噪音的问题，于是几位法律系的教授和主任一起到图书馆察看，眼前的情景让他们颇为吃惊，整个图书馆噪音刺耳，只有福德一人在那里全神贯注地看书。对此，福德的解释是：因为她有五个孩子，对于噪音早已习以为常。在她内心的旁白却是：多么来之不易的学习时间和学习场所，对她来说无比珍贵。有时一些同学会去福德家里学习和讨论，他们都惊诧于福德的孩子们一直进进出出并向福德提出各种要求，而福德在应对自如的同时还能继续工作。在法律系，只有五个女生与福德同一专业，她们的关系非常好。应当说这些女孩儿们后来成为一个有力量的团队，她们当中一位成为公辩律师，一位成为土地申诉法院的法官，另一位创建了一个宣传中心。她们在30年以后还每月共进一次午餐。

那时，福德的朋友们对福德都很好，有时福德在学校上学，朋友们会抽空帮着她照顾孩子，还会不时地带他们出去吃晚餐，福德对此非常感激。不过在法律系有所不同，学法律的学生们并不关心福德是否是一个寡妇或者有五个孩子，她们只把她当成一位普通的同学，这一点也让福德觉得非常自在。因为她虽然非常感谢朋友们对自己的关心与照顾，但此时她也希望自己能够获得平等的对待，没有怜惜而仅仅是平等的尊重，因此大学里，同学们给福德的感觉是她所乐见的。福德希望自己不再触动已经愈合的伤疤，要学会坚强、学会放下，让伤心往事随风而去，把记忆交给过去，让时间抹平这心头的伤痛。

关注社会

福德的大学生活，除了每天正常的学习与照顾孩子之外，她还加入了一个学校的社团。当时的昆士兰大学有一个比较激进的社团，由一群为社会公平与个人自由高呼呐喊的学生们组成，这便是自由理事会。

20世纪六七十年代，当时的彼得森（Bjelke-Petersen）政府被认为是一个较为保守且独裁的政府[①]。政府曾出台了一些政策，在当时是不受欢迎的，其中最大的丑闻之一便是政府作为原住民的"保护者"将他们的工资占为己有。这个事件让正义的人们愤怒了，社会上的许多有识之士和社团组织纷纷为争取社会的公正与个人的自由走上街头、摇旗呐喊，福德也满腔热情地积极参与其中。她自从加入自由理事会后，开始关注社会，这个事件尤其让她感到震惊，她因此开始重新审视社会公平问题。

政府占有原住民工资的丑闻从19世纪90年代持续到20世纪70年代，当时的昆士兰州政府控制了那些在《保护法案》（*Protection Acts*）下工作的原住民的工资与储蓄。第一个相关法案的全称是《1897原住民保护与禁售鸦片法案》（*1897 Aborigines Protection and Restriction of the Sale of Opium Act*），法案出台的初衷在一定程度上是为了保护剩下的为数不多的原住民。不过无论这个法案制定的初衷是什么，这个法案让那些被政府和教会怜悯而幸存的原住民在生活的方方面面受到了控制。法案中提到，该法案是"为更好地保护和照顾殖民地的原住民与混血居民"。政府对原住民的生活拥有极大的自由裁量权，只有超过16岁并与白人居住或本身有一半白人血统的居民能受到豁免。政府同时表示，该法案不会影响那些被"值得信赖"的人雇佣的工人。

当时，数个街区的警务官员被提名为保护者。他们可以驱逐任何人或家庭去往保全区（成为廉价劳力），或者让他们签一年的工作合同，且不需要经过任何法律程序。被剥夺了对自己生活环境的

① Evans, Raymond. *A History of Queensland*. Cambridge University Press, New York, 2007, p.222.

控制权，原住民当时只能任政府摆布。2000名原住民男子、妇女和儿童劳力只能签一年的工作“协议”，由“保护者”协商列出名单、服务性质、工作时期、住宿、“工资或其他报酬”——现金工资不是必须的。保护者可以取消协议，或将他们送去做不同的工作，或者把他们驱逐到保全区。1899年的法规中提到，雇主要为工人提供“合适的住宿、毯子、配给、衣服和生病期间的照顾”，然而没有强制性地规定让“保护者”去执行这些要求。为了防止雇主以工资花费在商店的物品上为由欺诈工人，“保护者”可以要求将工人的工资直接付给自己并监督工人取款。

1901年的修正法案将保护者对工资的直接控制合法化，并给予他们管理原住民财产的权利，可以选择保留或者出售。“保护者”被要求“对所有的金额与财产保留适当的记录”，主要为了符合1874年《审计法》的要求。到20世纪中期，政府与1200名工人签订协议，然而没有强制性的现金工资。

1934年的修正案拓展了政府对所有成年原住民和21岁以下的混血原住民的控制权。根据1939年《原住民保护与保全法案》，昆士兰州建立了本土事务部的附属部门，由主要“保护者”担任领导。此时政府已经控制了2500名合同工人和2800名从事畜牧业的原住民。

1965年的《原住民事务法案》表面上让原住民脱离了政府的控制，然而政府认为需要所有保全区原住民的“协助”，因此政府继续对所有原住民个人的财务和财产进行控制，包括工资、工作时期等。1968年，给予这些社区的配给被现金所替代，然而工资的金额在最低工资的45%以下——此处的最低工资指白人家庭维持生计的最低工资。当居民需要一份部门长官可以收回的“居留权证明书”时，把原住民驱逐到保全区的做法才得以在1971年中止。至此，政府取消了需要“协助”的表述，但仍然保留了克扣工资的做法。直到1972年，人们终于可以申请管理他们自己的财物，虽然还有上千账户依然在政府的控制之下。

那么原住民的工资究竟去了哪里呢？当时的昆士兰原住民账户是一个单独的银行账户，曾用于控制原住民的工资与储蓄。直到20世纪70年代，受到《保护法案》“保护”的原住民一直被强迫义务储蓄到这个账户。这个单独的财务分类卡上记录了所有存钱到这个账户的名字。这份记录中有他们的姓名、个人存款和取款金额，以及他们储蓄账户中的余额。与其他群体不同的是，那些受到法案“保护”的原住民不能控制自己的钱。政府官员把钱从账户中取出，用于像服饰、旅行、邮寄、医疗及牙科的开支，还有为工人或其家人支付采购订单。但是工人们自己对这些却并不知情。这就出现了一个问题，这部分钱是怎样开支的，人们是否拿到了他们应该拿到的钱？还有人提出，这些储蓄账户和工资存在管理不善和欺诈的问题。①

在后来的调查中人们这样回忆道：有的工人居住在固定的区域，有固定的任务，他们的工资以口粮、住宿和一些现金的方式付给他们。另一些工人被安排为其他雇主工作，他们的工资被打入政府为原住民开设的储蓄账户。许多人表示他们从没有拿到过

① 昆士兰州政府原住民与托雷斯海峡岛民和多元文化事务部：昆士兰被侵占的工资与储蓄，http://www.datsima.qld.gov.au/atsis/aboriginal-torres-strait-islander-peoples/claims-and-entitlements/history-of-stolen-wages-and-savings-in-queensland, Retrieved Sep 13th, 2012.

那些他们挣的工资，他们的工资被不公正地拿走，并被放入福利基金。

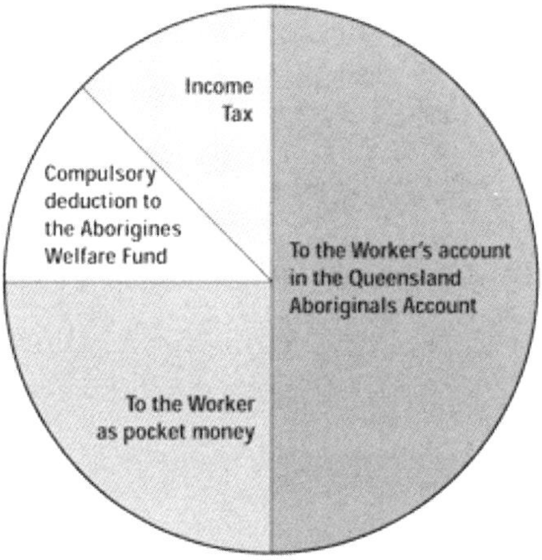

原住民的工资去了哪里？右边50%的工资进入昆士兰州政府的原住民账户，左上部分为收入的税收，左中部分为必须扣除的原住民福利基金，左下部分为付给原住民工人的零花钱。①

这便是原住民工资问题的大概情况。参加社会活动让福德多了一份对社会公平的关注，她的目光从自身的小家扩展到了社会的大家，她也从关心自身的利益转向关切更困苦的人们。从此她也一直关心着原住民工资事件的进程。

这个事件一直持续到了1984年，在这一年的原住民社区服务法案中规定，经过三年培训后，可授予社区委员会合格的地方政府权

① 昆士兰州政府原住民与托雷斯海峡岛民和多元文化事务部：昆士兰被侵占的工资与储蓄，http://www.datsima.qld.gov.au/atsis/aboriginal-torres-strait-islander-peoples/claims-and-entitlements/history-of-stolen-wages-and-savings-in-queensland, Retrieved Sep 13th, 2012.

力。1986年，社区委员会接手管理权，大部分生产企业仍然是部门财产，社区委员会必须靠租金的收益，还有联邦养老金以及社区发展雇佣项目基金去维持管理与公共服务的职能。委员会的预算需要政府部门的批准，分配的资金会基于政府的财政状况，政府也没有拨款支持大规模的基础设施建设。[①]直到20世纪90年代初，政府的原住民储蓄账户被关闭，所有的余额被妥善分配，昆士兰州原住民账户不复存在。然而直到2002年，昆士兰州州长才正式宣布划拨5500万澳元赔偿原住民在之前的政府执政时期被占有的工资。[②]

前文的图表中显示，一部分原住民的工资进入义务的原住民福利基金，这个基金开始于1943年，用于原住民的基本福利。直到1966年，原住民工资的一部分都会进入这个基金。有一些工人工资的2.5%进入该基金，有的为5%的工资，有的为10%。进入该基金的金额取决于每个工人的家庭环境和居住地区。原住民工人总体的工资并未进入这个基金。其他进入该基金的资金来源包括：昆士兰原住民账户投资所得金额的利息；那些固定区域，包括零售商店、牛群养殖、耕作等活动获得的利润；无人认领的失踪或死亡原住民的遗产。2008年6月，这个基金中已有880万澳元。这笔资金自1993年起被冻结，它将被转入昆士兰州原住民与托雷斯岛民基金。

2002年，昆士兰州政府为那些工资与储蓄受到政府《保护法

① Kidd, Rosalind. and Australians for Native Title and Reconciliation. *Hard labour, stolen wages :national report on stolen wages / Rosalind Kidd* Australians for Native Title and Reconciliation, Rozelle, N.S.W.: 2007, pp.12–14.

② Kidd, Rosalind. *Trustees on Trial: Recovering the Stolen Wages*. A.C.T: Aboriginal Studies Press, Canberra, 2006, pp.V–VII.

案》影响的原住民提供了赔偿。这份赔偿中承认，19世纪90年代至20世纪70年代初，当时的政府对许多原住民的工资与储蓄进行了不公平的控制。赔偿的全称是《原住民工资与储蓄赔偿计划》，内容包括：5540万澳元用于偿还工资（向那些依然在世的曾受到《保护法案》影响的原住民每人赔偿4000澳元和2000澳元）；一份致歉书；一份议会声明（在国会大厦中宣读声明）。

赔偿首先给予那些年迈或者重病的原住民。该计划是所有与原住民被侵占工资问题相关的赔偿中最优先执行的计划。到2007年，2000万澳元用于赔偿超过5500名原住民。2008年3月，昆士兰州政府同意，在剩下的3587万澳元中，1464万用于第二轮的赔偿，剩下的2123万澳元将付给昆士兰原住民与托雷斯岛民基金。2008年8月12日，昆士兰政府重新开启了最后一次赔偿计划，用于给那些不符合之前赔偿要求的原住民，用剩下金额中的600万澳元进行赔偿。赔偿于2009年4月30日终止。①

从20世纪六七十年代到2009年止，在有识之士的努力下，正义终于得到伸张，这其中也包含着像福德那样的澳大利亚的新成员所做的一份努力。正是无数充满正义感的人们努力地奔走呼吁，终于为原住民工资被侵占的历史问题画上了句号。

从为争取原住民权力的呐喊起，福德开始时刻关注着社会上发生的事件，或者对政府出台的一些政策进行解读，对社会的不公勇敢表达自己的不满与反对，并和理事会的其他成员们一起上街游行。

---

① 昆士兰州政府原住民与托雷斯海峡岛民和多元文化事务部：昆士兰被侵占的工资与储蓄，http://www.datsima.qld.gov.au/atsis/aboriginal-torres-strait-islander-peoples/claims-and-entitlements/history-of-stolen-wages-and-savings-in-queensland, Retrieved Sep 13th, 2012.

1971年7月21日跳羚大游行（Springbok）[1]

福德对其中的一次游行印象颇深。那是20世纪60年代，正值越战时期，澳大利亚也于1962年参战。1967年，以美国为首的西方阵营已开始陷入战争泥潭，美国街头不断出现大规模的反战游行，而1967年9月8日，在布里斯班也进行了一场声势浩大的反战游行，布里斯班整个城市近一半的学生参加了游行，反对澳大利亚政府继续参战。福德也持同样意见，认为政府不应当参战，便与自由理事会的其他成员一同参加了这场游行。然而游行队伍行进到罗马路时遇到了已经等候在那里的250名警察，于是学生队伍在罗马路口坐下示威。此次游行有近100人被捕。福德因为曾经担任自由理事会

① 图片来源：1971年跳羚大游行，http://1deadlynation.wordpress.com/2011/07/18/1971-springbok-tour-a-time-to-fight/

的秘书，所以也被记入档案。[①]很久以后谈起这次档案事件，福德依然非常激动，她认为自己能够站出来呐喊，参与游行，表达自己的意见，是做了一件非常有意义的事情。

让福德记忆犹新的另一次游行，是1971年7月的那次。那一年，南非的全白人橄榄球队——跳羚队（Springbok）访问布里斯班，并将进行几场橄榄球赛。就在第一场球赛开始的前8天，当时的昆士兰总理彼得森（Bjelke-Petersen）宣布昆士兰州进入长达一个月的紧急状态，限制昆士兰州居民的行动自由，以保证赛场的安全。紧急状态宣布不久，7月21日，包括福德在内的许多大学生参加了游行，当游行队伍行进至市中心，与400名警察遭遇，36人遭到逮捕。22日，南非橄榄球队到达布里斯班。23日，布里斯班爆发了2500名学生参加的大游行，并控制了昆士兰大学学生会所在的建筑物。[②]如果说彼得森总理宣布全州紧急状态是前期的诱因，那么学生们游行被捕事件则直接引发了23日的大规模游行。这次事件发生后，直接影响了一些选民对彼得森政府的支持，使得当时的反对党联盟党在之后不久的两次补选中获胜，彼得森政府开始风雨飘摇。[③]

20世纪60年代在全世界兴起的妇女解放运动影响巨大，澳大

① Piccini, Jon. '*Up the New Channels'—Student Activism in Brisbane during Australia's Sixties*. UQ CENTENARY, Issue 2, Vol 5, 2011, pp.75-86.

② Evans, Raymond. 'Springbok Tour Confrontation', in Evans and Ferrier (eds), *Radical Brisbane:an Unruly History*, 2004, pp.280-282. 参见Smith, Darren. Australian Biography: Sir Zelman Cowen Teachers Notes. Film Australia. http://nfsa.gov.au/collection/film-australia-collection/program-sales/search-programs/program/? sn=8888, retrieved on June 30th, 2012.

③ Richards, Jonathan. *1972 Queensland Cabinet Minutes Report.* http://www.archives.qld.gov.au/Researchers/CabinetMinutes/Pages/1972CabinetMinutes.aspx. Retrieved on June 30th, 2012.

利亚的女性也开始了对于女性权益的思考。福德是学法律的，自身是一名女性，更能感受到当时女性在社会中的地位及权益。从那时起，福德所关注的所有社会问题中就囊括了与女性相关的内容，并逐步了解女性运动，参与到争取性别、社会公平及其他权利的活动中去。

谈起世界女性运动，在前文曾介绍了加拿大的女性运动和当时澳大利亚的女性问题，两者都与现代世界女性运动休戚相关。现代女性运动最早开始于18世纪，以英国为例，英国的女性运动一般被认为开始于1792年玛丽·沃斯通克拉夫特（Mary Woolstonecraft）的作品《女性权利的辩护》（*A Vindication of the Rights of Woman*）的出版。虽然之前也有类似的争取，可是并没有引起较大的反响，例如1739年出版的《女性不是男性的附属品》一书，作者笔名索菲亚：一个品质高尚的人。她在书中这样提道："女性应当拥有与男性完全平等的权利、尊严与自尊。"之后在玛丽的作品中，她对女性的软弱进行了责备，并寻求对于女性进行教育的机会，她写道："让她意识到在照顾她的家庭和实践各种美德的同时，成为丈夫的朋友而非附属品。"

女性的觉醒来自于那个时期的工业革命，物质的极大丰富改变了中产阶级与工人阶级许多女性的生活方式，促使女性开始了对性别公平的追求。越来越多的中产阶级女性开始关注家庭以外的问题，并成为女性权利运动的中流砥柱。同样因为产品的丰富使家庭的手工制品不再那么重要，许多工人阶级的女性有史以来第一次不得不离开家去工厂或矿井工作。

18世纪后半期，历史上经历了两个重大事件，即美国和法国革命，许多国家开始争取个人的自由，女性受到男性的鼓舞，也开始了对于自由的追求。与此同时，越来越多的人希望能够帮助比他们不幸的人，这些人道主义者当中也包括许多女性。她们帮助许多妇女和女孩儿们改善了生活，向世人展示了女性可以成为很不一样的对社会有用的人，而不仅仅只能温和地待在家中。[①]

第一次大规模的女性权利运动的浪潮从19世纪持续到20世纪初，主要争取的是女性的选举权与被选举权。那个时期的女性经历了对于选举权的争取，她们想要在国会拥有代表席位。1833年，已婚女性财产法案允许拥有财产的女性在1861年以后的市政选举中投票。1894年12月18日，经过9年的公共辩论，宪法修正案通过了与女性的选举权与被选举权相关的表述。当时女性的生活发生了巨大改变，越来越多的女性开始工作，把运动逐步深化为社会改革运动，最终聚集了巨大的力量从而赢得女性投票的权利。凯丽·查普曼·凯特（Carrie Chapman Catt）和美国国家妇女选举权协会是在美国政府各个层次数以百万计的游说力量中的主要力量。艾丽丝·保罗带领下的全国妇女党是少数比较激进的团体之一，她们不仅游说而且组织游行、政治抵制、组织公民反抗等。她们因此而被攻击、逮捕和监禁。不过整个国家的意识开始觉醒，支持妇女选举权的力量开始扩大。

世界女性运动的成果来之不易，经历了一代又一代女性的持续努力。1919年，肯定妇女选举权的第十九条修正案在美国国会获得压倒性票数，在第一年获得了超过一半的票数。之后情况发生

---

① Rooke, Patrick J. *Women's Rights*, London: Wayland, 1972, pp.21–25.

了变化，人权倡导者、游说团体、反对给予妇女更高工资的商业利益团体，还有许多认为修正案将威胁到家庭的女性都开始变得活跃。在修正案接近三分之二的流程时，被撤销的威胁浮出水面。最后的争取是在美国田纳西州持续了六周的拉锯战。第十九修正案最终由一次简单的投票决定，24岁的立法会议员哈里·波尼（Harry Burn）将否决票转变为赞成票，因为他收到了母亲的一封信，信中说："好啊，为女性投票权投票!" 1920年8月26日早餐前，国务卿在华盛顿宣布通过第十九修正案，以阻止任何最后的阻挠。因此，美国主流和激进的女权主义者一起赢得了第一条也是唯一的一条专门保障女性平等权利的宪法条款——第十九修正案："美国公民的投票权利不得因为性别的因素在全国或各州被剥夺或受限制。"①艾丽丝·保罗认为，如果要改变法律性别歧视的状况，就需要平等权利修正案强调宪法适用于所有公民。1923年，在庆祝1848年女性权利大会75周年之际，她介绍了《卢克里特·莫特修正案》，其中提到："在美国全国以及所有受其管辖的地方，男性与女性应当拥有同等的权利"。该修正案进入每一届国会会议，直到1972年修改一些表达后通过。虽然全国妇女党和一些职业女性支持该修正案，但那些致力于保护劳工法的改革者（该法区别对待男性与女性）担心平等权利修正案的通过可能会抵消他们努力的成果。

20世纪40年代早期，美国共和党与民主党将平等权利法案纳入支持的范围。艾丽丝在1943年重新拟定平等权利修正案（现在

① Francis, Roberta W., Chair, ERA Task Force, National Council of Women's Organizations, The History Behind the Equal Rights Amendment, http://www.equalrightsamendment.org/era.htm , archived Sep 14th, 2012.

被称为“爱丽丝·保罗修正案”）中第十五和第十九修正案的内容：“在美国或各州不得因性别原因剥夺或限制法律规定的平等权利。”然而保护劳工法的群体和社会的保守群体认为给女性平等的权利是对当时权力结构的一种威胁。①

福德赶上了第二次女性运动浪潮。世界上第二次女性解放运动一般被认为开始于20世纪60年代早期，并一直持续到90年代后期。这次运动首先出现在美国、英国，然后影响了澳大利亚②。1963年，贝蒂·弗里丹（Betty Friedan）撰写的《女性的奥秘》（*The Feminine Mystique*）一书引发了第二次浪潮的开始。作为一位家庭妇女和一位母亲，弗里丹描述了像她自己这样的受过良好教育的中产阶级妻子与母亲，当她看到她美好的家庭，却感到如果这就是生活的全部而没有别的什么，这种状况是让人不满意的。50年代美国的女性杂志中讨论了许多家庭主妇莫名的不满，与此相比，弗里丹在书中虽然表达了自己对觉得不满感到愧疚，然而她并没有批评女性没能够很好地扮演她们应当扮演的角色，而是对这种角色本身以及造就这种角色的社会进行了责备。③

如果第一次女性主义浪潮主要关注的是绝对的权利如选举权，那么第二次浪潮则更多地关心与平等相关的问题，如家庭、工作、夫妻关系的不平等，法律上的不平等。之前提到的平等权利修

---

① Francis, Roberta W., Chair, ERA Task Force, National Council of Women's Organizations, The History Behind the Equal Rights Amendment, http://www.equalrightsamendment.org/era.htm , archived Sep 14th, 2012.

② Johnston, Allan., et al. *Women in contemporary Australia*, Vol 2, Vic: Deakin University: distributed by Deakin University Press, 1983, pp.1–3.

③ Norton, Mary Beth.*A People and a Nation*, New York: Houghton Mifflin Company. 2005. p. 865.

正案成为这一时期的标志。呼吁平等权利修正案出台的队伍不断壮大，政治家们对这些呼声的反应是争取选举权之后未再出现过的。平等权利修正案首先在美国参议院然后在众议院通过。1972年3月22日，宪法第二十七修正案议案交由国家批准，然而因为从第十八修正案开始，除了第十九修正案，国会给通过所有修正案的过程都增加了七年的年限。这个时间限制并未在修正案中，而是在议案申请条款中。[①]

受现代世界女性运动的影响，澳大利亚的女性为争取自己的权利及公平进行了努力。当时社会对待女性的方式依然以歧视为主导，包括工资的水平、受高等教育的权利、金融借贷的权利等等。各种女性团体的活动，影响了一大批女性，福德就是其中的一员。她希望一些与女性相关的法律能够有所改变，她积极思考、提出自己的见解，还和大家一起为了争取性别、社会公平及其他权利走上街头游行抗议，她的思想意识逐渐成熟。当时参与的这些活动对后来福德的一系列经历都有着非常重要的影响。

福德的职业生涯

1970年，福德从昆士兰大学的法律系毕业，非常幸运地进入了当时比较大的一家律师事务所。及至很久以后回想起这段入职经历，福德依然津津乐道。当时福德拿到了律师资格证，便开始找工

---

① Francis, Roberta W., Chair, ERA Task Force, National Council of Women's Organizations, *The History Behind the Equal Rights Amendment*, http://www.equalrightsamendment.org/era.htm , archived Sep 14th, 2012.

作。在报纸上的“男性板块”中她看到了一条招聘律师的广告，虽然那个广告上只留了一个信箱号码，她还是决定要去试一试，后来知道那是坎南和彼得森（Cannan & Peterson）律师事务所。她的经历给她的应聘加了许多同情分，另一个原因则是她后来知道的。这家公司的老板有个妹妹，没有结婚，是他们的一名律师，一名好律师，他们发现女性在律师这个职业上可以做得很好，就准备给另外的女性律师一个工作的机会，福德就这样很幸运地进入了事务所，从事与房产相关的案子。还有一点让福德觉得幸运的便是她能够拿到与男性律师同等的工资（那时，如果女性能够找到律师的工作，一般会发现她们只能拿到男性律师四分之一的工资），并可以较早地下班回家去照顾孩子们。与福德相比，她的大学同学们并非人人都那么幸运，除非她们的父亲是律师，否则与她同班的女同学们都很难找到工作。

工作刚开始不算顺利，因为很多男性客户知道他们的律师是一位女性后并不满意，幸而事务所的老板之一托尼·彼得森会时常帮助福德说服新客户去信任福德的业务能力。福德的工作常常会与很大的房地产商有关，这对她而言充满挑战，不过幸运的是托尼会常常给予她指点。与此同时，她会认真对待与客户接触的每一个过程，让自己的业务能力迅速提高。虽然她是个寡妇，但在与一些女性客户接触的过程中，她还成为了她们的榜样，因为她们当中的很多人并不习惯为自己的生活作决定。

成为一名律师以后，福德更觉得有许多法律对女性是有歧视的。结婚以后，丈夫一直把福德照顾得很好，福德与社会没有什么直接的联系，所以没有感觉到什么。丈夫后来成为一名律师，银行便很乐意贷款给这对年轻的夫妻，也正因为如此，他们的家庭生活一直很顺利。但自从丈夫去世，一切都改变了，福德开始直接面对社会，所有的家庭事务都由自己一个人承担，她面临的第一个问题便是银行上门来催债，希望她把丈夫去世前借的贷款都还清。福德需要去银行签署各种协议，在所有这些法律文件上，她不仅要签自己的姓名，还要在名字后面写上自己的婚姻状况："寡妇福德"。虽然之前福德对关于女性的法律亦有思考，而此情此景让福德不得不开始重新认真考虑自己作为一名女性在这个社会中所处的地位。很显然，协议上的署名让福德感到自己不是莱宁·福德，而是另一种表述，即福德的遗孀，这恐怕不是一件让人舒心的事情。当时的澳大利亚，所有女性都需要写出她们的个人情况，你或者是莱宁·福德——福德的妻子，或者是莱宁·福德——福德的遗孀等等，女性地位可见一斑。与女性结婚以后要改姓不同的是，如果是男性就会被称为某某（本名）——律师（职业）。于是福德开始注意这些生活、工作中遇到的点点滴滴与女性有关的情况，认真思考女性是否应该与男性一样平等或者是否应当争取一些权利？

1974年，当时福德所在的律师事务所发生了一件事，让福德再次正视女性的地位与权利问题。与福德同一办公室的同事当中有一个男孩儿是福德的学弟，比福德晚一年毕业，也来到了这家律师事务所工作。那时福德已经在这家律师事务所待了快三年了。有一天，福德的老板来到她的办公室，颇为神秘而欣喜地对她说："我非常想先让你知道，明天我们也会向所有人宣布，唐·博伊德将成为我们的合作伙伴了！"唐·博伊德就是那个比福德晚一年毕业的男孩儿。这对于唐·博伊德来说是非常幸运的，他刚来这里不久，因为干得不错，老板便考虑提拔他。福德回到家，思绪万千：为何老板根本没有考虑过自己是否也可以成为合作伙伴呢？他从来没有问过自己是否也愿意成为合作伙伴。福德开始觉得这是不公平的，自己虽然是一位女性律师，但也同样可以成为老板。福德开始思索他们认为自己不能成为一个老板的理由，或许因为他们觉得自己更适合照看孩子，而那些男性律师在律师事务所工作时，他们的家里有一位妻子，福德家里却没有人能代替她照顾孩子。

升职事件就此成为福德人生中的另一个重要转折点。虽说之前的一些事情也令福德觉得很不公平，比如签名时要写某某人的妻子等等，但此事引发了福德对性别公平问题的重视，福德觉得应该做些什么了。思虑再三，她决定正式向老板提出自己也要成为合作伙伴。

福德的勇敢挑战让老板们开始正视这个问题。在接下来的一系列交锋中，老板们认为福德会把孩子放在工作的前面，福德就此反驳道："我承认我的孩子比工作重要，难道你们的孩子不是比工作重要么？" 这恐怕是福德人生中的第一次冒险，她在提出想成为合作伙伴的同时也已经考虑到无法继续留下的可能性，做好了最坏的打算，准备离开。后来回忆起这次升职风波，福德也肯定地表示这是自己第一次直接站出来，做这种有风险的事情。于是老板们答应会考虑一下，而他们也的确认真考虑了。

福德认为他们考虑的时间应该会很长，而自己也不能一直在等待中度过。那个时候，澳大利亚建立了一个新的法庭，那是一个与家庭法有关的法庭，福德觉得如果老板们不让自己成为合作伙伴，那么自己就应该在其他地方找一份新的工作，于是福德便申请了那个新法庭的工作。

作为一位女性，原本要找到一份工作是非常不容易的，不过福德所处的那个时代，为女性提供了获得工作机会的可能。福德作为一位女性对于新工作的争取以及对于成为合作伙伴的争取，也可以说是女性解放运动后期社会大环境下的一个个案。正处于起步阶段的福德在这样的背景下得到了这份新法庭的工作，他们让福德做法官。于是福德表示自己会再考虑一下，然后转而与自己的老板们进行交涉，她很明确地告诉老板："如果你们不让我成为合作伙伴，我将去新的法庭工作。"义正词严间，福德却在心中阵阵惶恐。好在他们最终对此表示同意，于是福德便决定在这个自己得心应手的地方留下来。事实上，福德当时比其他大多数合作伙伴赚得都要多，这一点让老板们觉得非常不可思议。他们本来想把福德当作雇员，却在不得不取舍之间做出了让步，最终决定让福德成为合作伙伴。

在当时，福德作为女性成为律师事务所的合作伙伴，这在昆士兰州的律师界还真是破天荒呢。后来回想起此事固然让人高兴，可遗憾的是，虽然很早以前昆士兰大学的法律系就拥有了超过一半的女性学生，她们早就应当有足够的资历成为合作伙伴，然而直到现在，昆士兰州依然只有少数女性做到了这一点。

崭露锋芒

丈夫去世以后，福德的身边少有既单身又能够交心的朋友，虽然以前的朋友们从未曾远离，可是福德的生活究竟还是不一样了。1971年的一天，一位女性来到布里斯班，给福德带来了人生中的另一个转折。那位女士见到福德，告诉她自己想要在这里筹建一个隶属于她们组织的俱乐部，也就是崇德社，并对福德发出了参加晚宴的邀请。

崇德社是一个世界组织，1919年初建于纽约水牛城（Buffalo）。这个社团源于一次男性俱乐部的社交会面，那是同济社（Kiwanis）——一个著名的男性俱乐部的社交会面，有五位女性参加，也是那一次见面，她们商量建立一个女性俱乐部，由各行各业的女性领导组成，主要任务是完善与普及行业规则，服务人类社会。崇德社的建立就这样提上日程。崇德社具体的任务是选择、资助和参与各个小到群体、社区，大到国际的项目，同时支持崇德社国际基金会的运行。该社办公点遍及欧洲、美国、南美和南非等等，在澳大利亚亦有许多办公点。这个女性组织的目标是：提高女性地位、关注女性健康、改善女性生活状态等。这样的目标对福德来说极具吸引力，可当时福德对崇德社还不了解，心中很是矛盾，她想去参加这次会面，但自己真的没有时间，不但有很多工作，还要照顾孩子们，又或者她们会把自己忘记也说不定呢。就这样在心中掂量了许久，直到晚宴的那一天。

福德最终还是去了晚宴，当她到那里的时候，她是兴奋的、好奇的，还有些激动，因为她遇见了许多与她志同道合的女性。每一位女士都代表了一个不同的领域，有律师、医生、修女、女运动员、记者，还有护士长、出租车司机、政府部门的公务员和其他各种各样的人。对于福德而言，那是一个无比美好的夜晚，如果没有参加这个晚宴，福德便不会认识这些特别的女性们，那该是多么让人遗憾的事啊。

于是1971年，福德正式加入了这个女性俱乐部。在第一次崇德社布里斯班分社的会议上，福德被推选为副主席，并在四年后成为主席。

事实上这并不是崇德社第一次踏上澳大利亚的土地。1929年，该社曾在悉尼建立了澳洲第一个俱乐部，同时也是崇德社第一次走出北美（美国、加拿大）。然而这个俱乐部并没有持续太长时间，到1935年，该俱乐部没有继续承接更多的项目，就这样慢慢停止了运行。直到30年以后，也就是1965年，多萝西·汤普森受命再次将崇德社引入澳大利亚和新西兰。于是新的俱乐部开始在澳大利亚的墨尔本、悉尼以及新西兰的奥克兰组建。从1965年到1971年间，多萝西在澳大利亚各州的首府和新西兰的五个城市相继建立了崇德国际社的分社。[①] 之前所提到的那位去找福德的女士便是多萝西。

崇德社里的每一位成员几乎都是世人眼中不一样的女性，她们当中很多人没有结过婚，因为她们的男友在战争中阵亡了，战争期间男性是非常稀缺的。她们当中有一些人已经50多了，有着很体面的工作，或者是银行的高层，或者是医院的护士长，而福德加入崇德社时不过30出头。社里的每一位成员都用自己的方式去证明作为一位女性可以为这个世界做出一些贡献。

加入崇德社，让福德开阔了视野，有了新的生活目标，不过与此同时，律师的工作依旧是她的主业。那个时候在昆士兰州只有很少的女性律师，同时布里斯班又只有昆士兰大学教授最高宪法，因此所有的女律师都是校友，不是先福德毕业，就是福德的学妹，她

---

① 崇德国际社网站：历史http://www.zontaredcliffe.org.au/wp/about-us/zonta-international/

们的人数并不多，互相之间自然都打过照面。这是一个六年制的专业，因为女性实在是太少了，所以在这六年之中你会认识法学院所有的女性，也因此福德与其他的女律师们都是熟识的。福德有时会和其他女律师简短地交谈，话题往往是工作中遇到的困难。因为大家时常见面，有人提议成立一个协会，专门商讨与女性律师们相关的问题。大家对这个提议都有兴趣，于是一个女律师协会呼之欲出了。

那是1973年的一天，女律师协会在昆士兰大学的教职工俱乐部召开了第一次会议[①]，昆士兰州所有的女律师都到场了，一共80人。在第一次会议上，大家讨论的第一个问题就是是否应该有这样一次会议，或者是否应该有这样一个女律师协会。意见分为两派，对于那些找工作非常困难的群体而言，她们更多地希望能够有这样一个协会，因为身处一个组织中会比她们自己独自面对各种问题要好得多。福德也持相近的观点，认为这个协会是很有意义的。在轮到福德发表自己的意见时，她这样表示："我认为应该有这样一个协会，因为女性律师应该与男性律师有同等的权利……现在全国女律师协会在澳大利亚享有很高的声誉，但在昆士兰我们正开始成长，我希望成为这个俱乐部中的一员，我们应当叫它昆士兰州女律师协会……"事实上，福德结束发言时自己都愣住了，她未曾想到自己能够说出这样一番话，或许这便是她心底一直的希望与想法。就这样，福德最终成为这个协会的第一任主席，女律师协会就这样起步了。协会初建，有一点非常明确，即协会领导采取选举制度。协会

① Currie, Susan. *Writing women into the law in Queensland.*Masters by Research thesis, Queensland University of Technology. 2006, p.6.

会章中规定：主席没有终身制，每年的全体成员大会上选举出三位新主席，其中一位主席，两位副主席。协会初建的第一任主席是福德。协会有一个管理委员会，每年投票一次，选出新任主席。在每年的年会上，上一任主席可以再次被选上，但只可连任一届。

女律师协会致力于帮助女性争取平等的工作机会以及促进女性的职业发展，希望在帮助女性律师的同时，也能为女性从整体上寻求积极的改变。她们有一些明确的目标，如当时女性律师责任保险的保费是男性律师的两倍，玛格丽特·麦克默多（Margaret McMurdo），也就是现在的昆士兰州上诉法庭庭长，在当时代表协会出面争取不同性别律师的保费应该平等，并获得了成功。又如福德找工作时曾遇到的情况，所有的工作机会都被分类为男性专栏和女性专栏，于是她们便写信希望报社能够严肃对待这个问题。不过并非每一次的争取都会成功，有时她们所提出的关于性别歧视的问题会收到很不礼貌的反馈。女律师协会还曾针对一位议员提出在昆士兰州不需要建立女性避难所表达自己反对的声音，对家庭暴力受害女性的法律保护条款表示支持。[1]

回顾这些历史，福德对她们所获得的成果感到自豪，其中最大的收获之一便是她们建立起了一个相互支持的关系网络。另一收获则是今天在澳大利亚的各个法庭，有大量高素质的女性法官在贡献着自己的力量。应当说这是福德生命中非常重要的一个协会，亦是她成为一个组织最高领导的起点，直到今天，福德依然是这个协会的一名普通会员，从未曾离开。

---

① Currie, Susan. *Writing women into the law in Queensland* .Masters by Research thesis, Queensland University of Technology.2006, pp.7–8.

成为女律师协会的主席后，福德不仅要管理这个协会的各项事务，而且要参加崇德社的活动，还要在自己的律师岗位上继续努力工作，虽然从某种程度上来说，这几个职位是相辅相成的，然而这毕竟让福德变得更加忙碌了。

福德加入崇德社和女律师协会的时机并不是偶然的，那是一个女性开始意识到自己应有权利的时代。福德正是在那时融入到女性的社团组织中并成为领导，发挥自己的才能。据统计，1947年的澳大利亚，职业女性中72%是单身——其中有一些是寡妇或已经离婚，更多的人未婚；到1966年，只有51%的职业女性是单身；到1969年，职业女性中已婚女性的人数超过单身，已婚女性占56%，单身女性占44%。如果我们将目光投向职业女性的比例，1947年，八位已婚女性中只有一人出去工作，到1961年，这个比例成为六分之一，到1969年超过四分之一的城市已婚女性拥有工作。当然这种增长的比例目前已经减缓，而减缓本身也是必要的。一份工作对于大多数女性来说是可以接受的，但除了那些孩子还比较小的女性，因为她们的精力往往会更多地用于对孩子的关注而无法兼顾其他。[①]在那个时代的澳大利亚，女性就业的状况可以说是当时颇为突出的问题。60年代的现代女性解放运动开始于一些女性在一起共同商讨通过何种方式对女性进行再教育，让她们能够了解到自己应当拥有的权利。她们相信如果女性能够清楚地知道她们应该拥有却没有的权利，她们就会想要做些什么去改变这种状况。

女性解放运动正是希望提高女性对权利的意识，通过游说、政

① Stephenson, Rosalie. *Women in Australian Society*, Heineman Educational Australia PTY LTD, 1970, pp.2–3.

治施压、演讲、写书等方式，唤醒一大批女性的自我意识，使她们积极投身到女性运动中去，争取逐步地达到社会性别公平的目标。

在二战期间，因为多数男性参战，澳大利亚的女性开始参加一些工作，许多女性由此感受到社会对她们的尊重。战后，更多的女性开始工作，不过她们还是局限在一定的职业领域内，如教师、护士，或者在工厂做一些她们在战时曾经做过的工作。

女性解放运动在争取社会公平方面也获得了不少成功，如女性获得了公平的薪水，也开始有产假。回顾50年代到60年代，女性需要很努力才能拿到男性工资的75%。在像教师、护士这类“女性职业”中，她们也只能拿到男性工资的三分之二。女性运动当中非常重要的一个战略就是运用了政治游说。游说的结果是，工会需要给女性同等的薪水。[①]1962年，澳大利亚历史上第一次有工会（ACTU，澳大利亚工会理事会）支持女性问题，为女性向仲裁委员会争取平等的薪水。1972年，仲裁委员会终于宣布澳大利亚需要设定最低工资线。[②]惠特拉姆政府时期，有资金开始支持建立女性健康中心、托儿所，还有对儿童保育工作者进行培训。[③]女性解放运动在澳大利亚的历史上扮演了极其重要的角色。在这次运动以前，对于女性的歧视非常普遍，女性无法受到公平的对待。通过许多女性对于相关问题的呼吁，这些不公平的对待开始有所变化。这

① Howe, Renate. Australian Women and Politics, in Johnston, Allan., et al. ed, *Women in contemporary Australia*, Vol 1, Vic: Deakin University: distributed by Deakin University Press, 1983, pp.7–21.

② 澳大利亚工会理事会，http://www.actu.org.au/About/ACTU/default.aspx

③ Michel, Sonya. *Child Care Policy at the Crossroads: Gender and Welfare State Restructuring*, Routledge, 2002, p.100.

次运动改变了许多女性的生活，并且让许多人过上了更有质量的生活。

福德参加崇德社和女律师协会所做的工作就是要为女性争取社会公平，这在福德看来意义非常重大。同时，崇德社的工作使她有机会站在世界女性的角度去观察问题，在争取女性权利的工作中，逐渐提升了工作能力，让自己的才华充分得到发挥，用自己的真诚服务于社会中的女性群体。

有爱相随

虽然大学的自由理事会时代早已成为过往，然而对于自己被记入档案一事福德却一直无法释然。到了80年代，人们似乎意识到了这个政府的腐败，在1989年的政府换届选举中，自1957年起上台的国家党参选失败，成为反对党。新政府上台，很多政客因为腐败被送进了监狱。当时，国家党大选失败，福德便打电话去警察局找自己的档案。对于这件事情，福德除了有些介怀之外，亦有一分好奇，她很想知道自己的档案里究竟写了些什么。然而这个愿望最终却未能实现，因为失去政权后，之前的政府将许多人的档案几乎全部销毁，福德希望看到档案的心愿终究未能实现。不过命运兜兜转转，福德在不久之后的某一天，终于还是确认了他们有过自己档案的事实。

那是一段让人伤心的时期，1974年福德的侄女被杀身亡，而福德则是最后一个见过侄女的人。负责案情调查的办案警察安格斯向福德确认了许多细节，并最终抓到了杀人犯，同时也捕获了福德的心。在后来的闲谈中安格斯提到了之前的政府、还有福德参加的那一次游行。可谓无巧不成书，当时安格斯就在那次游行中参与街头的治安工作，对于当时自由理事会的代表之一——福德也是略有耳闻的，同时还非常机缘巧合地见到过福德的档案，至此，福德终于确认了这份档案的存在。或许缘分早已注定，多少年前他们曾擦肩而过，再次的相遇终于成就了这一段姻缘。

1983年，在第一任丈夫去世近20年后，福德又结婚了。这一次，她结婚的对象便是这位警察安格斯。安格斯并不是昆士兰州人，他来自新南威尔士州，在布里斯班与福德两次相遇，及至后来的深入了解，终于让两人成为爱侣。这么多年来，福德一直一个人带着孩子，努力工作，在工作与生活间游走，没有依靠，亦无法停歇。安格斯的出现让她终于找到了可以依靠的臂膀，于是，对福德而言，“家”又回到了它最平凡却弥足珍贵的意义。新的爱侣，新的家。福德的生活与工作依然继续，因为有爱相随，心不再孤单。福德一直觉得自己能够遇见安格斯是幸运的，他是自己心灵的伴侣。

虽然在澳大利亚生活了很长时间，但福德还是会认为自己的家在加拿大。在加入崇德社以后，福德时常会有“深度”的环球旅行，有一天当她回到澳大利亚，突然感觉澳大利亚就像一个大俱乐部，而自己就和所有在这里出生的人一样都属于这个俱乐部，都可以叫自己澳大利亚人。那一年是1988年，也正是英国舰队抵达悉尼两百周年纪念之际，福德参加了加入澳大利亚国籍的仪式。福德依然记得仪式上澳大利亚总理霍克（Bob Hawke）的话，他希望每一位居住在这里的人都能够为这个国家做出贡献，而福德表示她也的确做到了。

此时，福德已经是纪律审裁庭律师（昆士兰法律社团），还是昆士兰科技大学原住民与托雷斯海峡岛民咨询委员会、昆士兰科技大学理事会、昆士兰小商业公司等许多机构的会员了。

奉献才华

在福德的人生历程中，对她影响很大的便是成为崇德国际社领导的经历。1985年，福德被推选为崇德国际社分管女性地位的主席。在任期间，她组织了一次学习旅行团到非洲考察，最后一站是在内罗毕参加联合国女性时代会议。整个团共有来自各个国家的25位崇德社成员，她们从西到东横穿非洲大陆，去崇德社的分部考察，看看非洲人民的生活。虽然福德在很早以前就有过环球旅行的经历，然而这次的旅程让她从不同的角度审视了这个世界。福德看到了成百上千无家可归的孩子们，看到了那些陷入困境的妇女，她不断地在想这些孩子们将来究竟会有怎样的命运。福德也曾感慨，人的出生无法自己选择，当你出生在这样一个地方，你的生命虽然才刚刚开始，生活却已经结束了。强烈的不公平的感受充斥着福德的内心，让她终生难忘。再想想自己的生活，虽然经历了起起落落，然而自己曾拥有一个美好的童年和生活历程便已经是足够幸运了。①

1990年，福德成为崇德国际社主席，同时也是崇德国际社第一位来自澳大利亚的主席（之后崇德国际社还经历过两位澳大利亚主席）。成为国际主席需要管理协调遍布全球的崇德社，这于福

① White, Anne Marie. *Women who win*, Rockhampton, Qld : Central Queensland University Press, 2002. p.116.

德来说，是挑战更是磨炼。与崇德社布里斯班分社不同的是，崇德国际社一直为争取全世界女性的地位而不懈努力，因此福德不仅要知道澳大利亚在发生着什么，还要对全世界女性的状况有所了解。作为崇德社的董事会成员，福德需要听取各大洲女性的意见来决定向需要帮助的地区的女性提供援助。当时，非洲的许多女性存在可能会遭到丈夫毒打的现象，崇德社曾经与非洲当地的社区合作，建立了一个女性避难所，这样的避难所能够保证她们的安全，让她们受到保护。福德还了解了不同地域与文化中女性地位的不同。福德在任期间遇见了一位来自印度的朋友马德拉，当她的丈夫去世后，福德表示了自己深切的慰问并希望能够在下一次崇德社的会议上见到她，不过马德拉很遗憾地表示她们恐怕无法再见面，因为她的丈夫去世后，她将属于她的儿子，而她的儿子也许不会同意她到世界各地开会。而福德在后来的会议中也没有再见到这位朋友。

1990年，福德上任后启动了一个对现在来说都有着重要影响的项目：公共事务中的年轻女性项目（YWPA，又称公共事务中的年轻女性奖）。该项目是崇德社在俱乐部、地区与国际三个层面同时运行的两个奖项之一［另一奖项为阿米莉亚·埃尔哈特研究奖（Amelia Earhart Fellowship Award）］，截至2011年底，该项目已授予来自50多个国家的534位年轻女性。该奖项主要授予年龄在16–19岁之间的女性学生，表彰她们在公共政策领域、政府或志愿者组织中做出的贡献，希望她们继续为公共事务，尤其是在世界范围内提高女性地位方面贡献自己的力量。该奖项主要由崇德国际社基金会资助，在各地区的获奖者中会最终选出五位国际获奖者，获得相应的奖励。在20世纪后半期，女性参与社会工作的机会骤然增加，然而女性对公共事务的参与度和影响力还非常有限，虽然女性在整个社会中获得工作职位的比例已经接近50%，然而2011年底各国议会联盟的调查数据显示，女性在各国的议会中只占有19.5%的席位。福德在创建该项目之初，正是希望并相信年轻女性是女性在公共事务领域地位提高的关键，这个公共事务中的年轻女性项目在嘉奖这部分年轻女性的同时，更鼓励她们能够继续参与到公共与政治生活中去。①

此外，在福德的领导下，崇德社还做了许多别的工作，例如让印度饮用干净的水，帮助世界其他地区的女性们做些工作。她们关心全世界不同女性的故事，并且希望能够改善那里的状况。同时与联合国有一定联系，因为当时的联合国两性平等与赋予女性权利组织，就是专门处理女性事务的，该组织与崇德社所做的事有许多相通的地方，也会时常有合作的项目。

福德后来回忆起崇德社国际主席的经历，总是不时地拿它与女律师协会作比较，这两者对福德而言有太多不同。在女律师协会中，所有人都在同一个领域工作，并且每一位成员都希望这个协会很成功，因此对于福德而言这是一个相对比较好管理的团队。崇德社却有所不同，这是一个人员结构相对复杂的组织，它的会员来自各个不同的专业领域、文化背景，因此大家的想法、意见各不相同。福德成为主席以后，需要与六位来自世界各地的女性共同工作，一位来自印度，一位来自比利时，一位来自非洲，一位来自新西兰，一

① Zonta International, Young Women in Public Affairs (YWPA) Award.http://www.zonta.org/WhatWeDo/InternationalPrograms/YoungWomeninPublicAffairsAwards.aspx. Retrieved Sep 2nd, 2012.

位来自法国，还有一位来自美国。这些来自不同国家的成员，在不同的环境中长大，她们当中有的非常保守，有的比较开放，有的想为女性们做些什么，有的则认为那些不能做。所以工作中需要很多倾听，并要把大家聚到一起共同工作。在这样的情况下，与管理女律师协会相比，福德所需要的是一种不同的领导方式。

如何召集这些意见各异的会员们在一起开会，共同探讨与解决问题，是福德担任领导工作所面临的一个重要课题。也正是在此期间，福德在工作中不断学习，总结了不少成功的经验。

那么如何让大家达成共识，共同参与同一个项目呢？

首先是开会的方式，福德总是善于倾听的。她让每位成员充分表达自己的意见，通过集思广益产生解决问题的方法。这种方式有别于当时男性领导主持的会议，在那时颇受与会者欢迎。同时，这个原则在福德的领导生涯中一直让她受益匪浅。

第二便是说服的技巧。来自世界不同地区的会员们常常会对是否加入同一个项目有不同意见，但经过福德诚恳的说服工作，使她们感受到这个项目的重要性，她们会自愿地去参与。

沟通与协商是当时福德作为女性领导的特别之处，也是她领导工作的成功之处。但有一点却从未成为福德协商的筹码，那便是金钱。对于这一点福德在后来的回忆中这样提到：“在资金方面我却是无能为力的，因为我有五个孩子，没有足够的资金，所以不能以金钱作为奖励或者协商的筹码。”

1991年，福德被昆士兰州州长委任为昆士兰女性咨询理事会主席。这是州长前不久召集的委员会，旨在通过咨询州内的女性代表，了解州内各地区、各领域的女性们需要什么，以期改善女性在各方面的现状。州长非常希望致力于妇女地位的提高，对于这一点福德在后来的回忆中屡屡表示赞赏。这个理事会中大约有18位女性，都是由州长亲自挑选，代表了昆士兰州的各个地区，当然也包括原住民与托雷斯海峡岛民。每次召开会议，各地区代表都会聚首于布里斯班，讨论与女性现状相关的问题。

图为1991年昆士兰州年度人物——福德的画像[1]

① 图片来源：澳大利亚官方网站http://www.micahprojects.org.au/services/working-with-forgotten-australians/resources

截止到1992年，福德参与了大量的社会工作，担任的职务也有很多，她在80年代担任了社会保障诉讼法庭法官；1986年至1992年，她是崇德国际社董事会成员；1988年至1990年，她担任昆士兰最高法院遗嘱审查委员会主席；1990到1992年，她担任崇德国际社国际主席；1991到1992年，她担任昆士兰女性咨询委员会主席，布里斯班市经济发展办公室主任。

在荣誉方面，1991年，福德获得了昆士兰州年度人物称号，以表彰她在推动昆士兰州社会与经济发展，尤其是提高女性地位方面做出的巨大贡献。1992年，因为对社会做出的贡献，福德被格里菲斯大学授予荣誉博士学位。

谈到这里还有一个小插曲。福德时常会因为各种原因被邀请参加昆士兰州年度人物的晚宴，然而1991年，因为福德刚从国外回来，并有很多安排，福德便表示自己这一年无法参加宴会。一般来说，福德的秘书知道如果福德从国外归来第一天是不安排与客户见面的，然而这次福德却被告知要在早上11点见一位客户，秘书告诉她，这是一位非常重要的客户，福德必须见。事实上那并不是一位客户，福德对此安排颇有微词。见面时那位“客户”询问福德为何这一年不能参加昆士兰州年度人物的宴会，福德在没有弄清楚他的来意前，拒绝回答。不过那位“客户”坚持劝说福德，举出各种理由，福德终于答应参加。在晚宴上当福德被宣布为“1991年度昆士兰州年度人物”获得者时，她十分惊喜又感到非常荣幸。

可能有人会认为，昆士兰州年度人物奖颁发给一个加拿大移民是不同寻常的，然而在福德看来，这才真正体现了昆士兰州乃至整个澳大利亚文化的多元性。事实上四个澳大利亚人中就有一人不是在这里出生的。在福德的记忆中，有一年的澳大利亚国庆日，福德与安格斯参加了一个国庆聚会，细看人群当中只有一个土生土长的澳大利亚女性，其他人都来自世界各地，但大家都在一起庆祝澳大利亚国庆日。虽然福德不出生在澳大利亚，但她却深深感觉自己是一个澳大利亚人。不过有一点却有些讽刺的意味，福德的国籍是她下一个职位不可或缺的前提。对此，福德只是在谈笑间表示不会有人真正在选举她成为昆士兰州年度人物时检查她的护照。

至此，在各个岗位上不断学习与进步的福德将迎来她人生中绚丽非凡的几年。然而迎接未来也意味着告别过去，为了准备任职下一个岗位，福德不得不辞去当时所有的职位，一切从新开始。

铸就辉煌

1992年1月，福德被告知州长高斯想要见她。作为昆士兰州女性咨询理事会的召集人，福德整理了相关的资料，夹在胳膊底下，走去见州长。福德对当时的情景这样描述道："州长当时似乎对我胳膊底下有什么没有任何兴趣。他只是问：'你对做州督感兴趣么？'我几乎要窒息了。我还记得当时我看着他说：'我要去问问安格斯！'他说：'没关系，我要去问问女王。'"

后来每每提及这段对话，福德与州长都会忍俊不禁。因为对于当时的福德来说，如果自己成为州督，丈夫可能会比较介怀。在这一点上福德也是比较慎重的，因为是女性，在事业的取舍中往往相对艰难，要考虑方方面面的问题，其中很重要的一点便是家人的态度。事实上，后来福德用了整整一个周末说服安格斯，和他一起居住在州督府里会比在海滩边生活更好。好在福德的丈夫终于表示了赞同，只是在福德真正成为州督以后，丈夫安格斯总会非常幽默地表达自己的不满。不过在说服安格斯以外，当时福德面临的最大问题是如何将快要成为州督的消息保密。因为一旦有关于谁将成为州督的消息开始在报纸上出现，福德将受到极大关注。

其实福德早已打算退休，早在1991年的11月，福德便告知自己律师事务所的合作伙伴不要再给她准备更多的信笺与文具，因为她将在1992年的6月离开。她本来打算退休以后就与安格斯在海滩边“永远快乐地生活下去”。然而因为职业的原因，她打算等到快要离开之际再将这个消息告诉自己的客户。结果接下来的这一段时间，不仅保密工作非常艰难，而且更让人们猜测她辞职是为担任州督一职做的准备。[①]

州长希望福德能够于1992年5月到任，然而作为崇德国际社主席，福德需要在香港主持崇德社的国际会议。幸而上一任州督答应在州督府继续任职两个月，直到福德上任。

今天的伊丽莎白二世女王已经度过了她继位60周年的钻禧庆典，回首当年，在同意任命福德为州督的过程中，这两位女士还有过小小的交锋。在福德的眼中，女王是相对保守的，因为她对福德在第二次结婚后却依然沿用了第一位丈夫的姓氏表示非常震惊。

福德是第一位丈夫的姓氏，而嫁给安格斯的时候，福德知道自己很可能会变成麦克唐纳夫人（麦克唐纳是安格斯的姓氏），但在

① White, AnneMarie. *Women who win*, Rockhampton, Qld: Central Queensland University Press, 2002, p.119

工作上大家都知道福德律师，姓氏的改变可能会让一切变得非常复杂，于是福德与安格斯共同决定，改变姓氏实在没有必要，用原来的姓氏便好。

当女王同意福德成为州督时，她写了一封信，询问福德是否确定不被称为麦克唐纳州督，而是沿用第一任丈夫的姓氏，虽然女王在言辞间非常希望福德能够改正这一点，变更为现任丈夫的姓氏，然而福德最终回信表示自己倾向于不做改变。

担任州督的福德[1]

1992年7月，福德的称谓就此改变，在澳大利亚昆士兰州的历史上，她被称为福德州督。她不仅是昆士兰州历史上的第一位女性州督，同时也是继1991年南澳大利亚州任命米歇尔州督以来，澳大利亚历史上的第二位女性州督。

昆士兰州督办公室成立于1859年，正是昆士兰州脱离新南威尔士州成为一个自治的殖民地之时。州督的权利由任命委员会、宪法以及州议会的一系列法案所赋予。州督作为女王的代表，是昆士兰州的最高领导，不通过政治程序产生。州督的主要职责是保证

① 图片来源：昆士兰州官方网站http://www.govhouse.qld.gov.au/the_governor/governor_forde.aspx.

该州拥有一个稳定的政府，并受到议会的支持。行政会议由州督主持，并听取官员的意见，正式通过一些部长的决定。按照规定，州督有询问、鼓励与警告的权利。对议会提出的建议，州督拥有询问的权利以了解更多信息。州督是需要承担社会与公民责任的，通过一系列口头承诺，主要促进社会的凝聚力，并鼓励人们相互尊重与信任。同时，州督还可以选择的方式有：在昆士兰州内各处走访一系列机构；鼓励个人与企业的积极性；促进慈善机构的工作；授予公民奖励与荣誉等。州督扮演一系列仪式性的与公共的职能，包括部长的宣誓仪式，接听来自各国大使、专员、州元首的电话，在州政府主持贸易代表团、议会的访问，参加一系列会议，出席重大纪念日活动如澳大利亚国庆日等。[①]

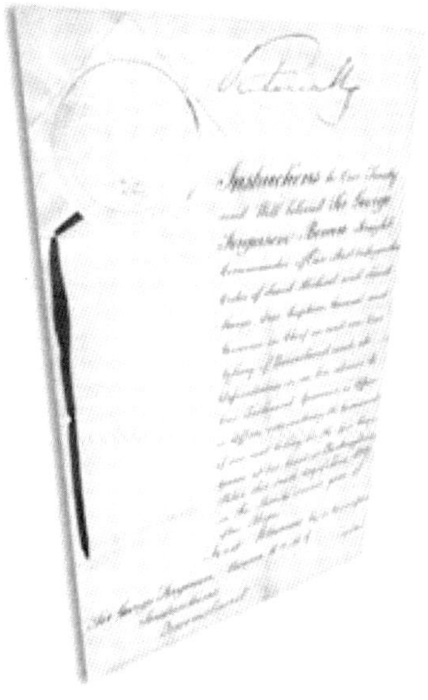

维多利亚女王给昆士兰州第一位州督乔治·鲍恩爵士的指示[②]

如前所述，州督是女王的代表，而福德认为州督同时还是人民的代表。当时在澳大利亚有许多政党，但福德没有参加任何一个政党，不过这并未影响福德最终成为州督，因为福德所

① 昆士兰州督官方网站：http://www.govhouse.qld.gov.au/the_governor/roles_functions.aspx, achieved Sep 12, 2012.

② 图片来源昆士兰州督官方网站：http://www.govhouse.qld.gov.au/the_governor/roles_functions.aspx

实践的事业与当时州政府所追寻的价值观是基本一致的。州督是由州长向女王提名，然后由女王同意并任命。当时的州长之所以希望福德能够成为州督，很重要的原因之一是希望能够在州内提高女性地位，而一直为这一目标不懈努力的福德则成为州督的最佳人选之一。福德正式成为州督前还有一个小插曲，她的女儿凯伦表示，在母亲成为州督前有一个小型的家庭会议，这个会议上孩子们被告知自己在母亲任职期间，不能称福德为母亲，而要称阁下（your excellency 或 her excellency），孩子们听后不禁爆发出阵阵笑声。①

然而昆士兰州从未有过女性担任州督的先例，一直以来州督都是由将军或者法官等人物担任，因此对福德的提名可谓开创了昆士兰州的新纪元。有许多人的确认为这个职位应当由男性来担任，由一位女性担任，在他们看来降低了这个职位的权威性。不过那些人在对福德有所了解后，都对她表示支持。

应该说女性有自己独特的处事之道。之前的州督不是将军就是全国的法官或者州法官，所以对州政府而言，让一位女性来担任这个位置是一个非常巨大的改变。福德被任命后便开始思索自己应该做些什么。既然州长与女王同意任命一位女性，也是希望能够给整个州乃至澳大利亚带来一些变化，因此福德决定，接下来要做的便是给大家一些改变。她开始在昆士兰州的各地走访，了解民情，渐渐意识到自己事实上可以成为民间社区与政府之间的桥梁。

福德按照惯例从正门进入州督府开始，也同时把大门向每一

---

① Oliver, Robin, Thumbs, *Sydney Morning Herald*, Sydney, N.S.W, 21 July 1997: 25.

个人敞开。福德认为，那不是自己的房子，而是昆士兰州的房子；且州督不仅代表女王还代表人民。因此昆士兰州督府有史以来第一次向大众开放。在开放日这天每个人都可以到府内转一转，看看客厅，看看餐厅。开放日的决定宣布后，在很长一段时间内，每到开放日便会有很多人排着长队，希望能够到州督府内亲身感受一下这个人们从未有机会进入的地方。

州督府内每两周还有一次晚宴，隔着的那周也会有一顿午餐。这个晚宴会邀请不同职业的人，市长也会来。比如说，会有一个学者晚宴、警察晚宴等等。因为他们从没有进来过，这样一次晚宴便为他们提供了非常好的机会。当然福德作为州督也可谓收获良多。例如她曾宴请了媒体的代表，在席间讨论了媒体在公共舆论的形成中负有怎样的责任。福德还曾邀请原住民来州督府做客。及至今天，昆士兰州督府对外开放的制度依然延续了下来。

福德对于人们对原住民的态度感到非常失望，她会经常走访原住民社区，一直希望能够帮助原住民改善他们的生活条件，也为此做了许多努力。居住在约克角（Cape York）的原住民为了感谢福德，给予她一个原住民名字Atakani，意为睡莲，福德感到非常荣幸。有许多原住民告诉福德，他们是第六代澳大利亚人，福德觉得要是自己也能够拥有一些原住民的血统，那么她就可以说自己的家族可以追溯到4万到10万年前。福德希望，人们能够为自己拥有原住民的祖先感到自豪，而现在福德能够拥有一个原住民名字，她已经觉得非常荣幸。

1993年1月26日，福德被授予澳大利亚爵级司令勋章（Companion of the Order of Australia，简称AC），以表彰她对法律界、对提高女

澳大利亚爵级司令勋章[①]

性地位以及对经济和商业发展做出的杰出贡献。在澳大利亚的荣誉系统中，澳大利亚勋章主要授予那些获得很大成就或服务社会的人。而爵级司令勋章则是其中最高等级的荣誉，主要授予那些为澳大利亚或者人类做出杰出贡献的人。从此，福德的姓名后面加上了该荣誉的缩写AC。

谈到这里，就不得不提一提荣誉背后那位默默的支持者——福德的丈夫安格斯。福德成为州督后，安格斯总是开玩笑说，因为福德会批准建设许多大楼，作为州督，福德的名字会出现在大楼顶上，或者教堂前，又或者那些医院和学校的名称中。安格斯幽默地表示要是福德当时改随他的姓氏就好了。有一次安格斯病了，去了一家由福德州督开设的医院就诊，他开玩笑地说，如果福德当初换了姓氏，他去医院时就能受到更好的对待了。

总的来说安格斯还是觉得很高兴的，但有时也会难受，因为他和一位非常重要的女性结婚了，这对于一位男性来说是一件不容易的事情。人们都说“一个成功男人的背后总有一个默默支持的女人”，对于福德的丈夫而言，他恐怕是一个成功女人背后默默支持的男人。

① 图片来源：澳大利亚荣誉网http://www.itsanhonour.gov.au/honours/awards/medals/medal_order_australia.cfm

左边：昆士兰州州长韦恩·戈斯（任期1989.12.7–1996.2.19）；中间：莱宁·福德州督；右边：福德的第二任丈夫安格斯·麦克唐纳[①]

安格斯为此成立了一个俱乐部，叫做DT俱乐部。DT指代什么呢，它指的是一个人：英国历史上著名的女首相撒切尔夫人的丈夫丹尼斯·撒切尔（Dennis Thatcher），DT则是他姓名的首字母缩写，他便是撒切尔背后默默支持她的男性。俱乐部里大约有20个成员，他们的妻子都是非常重要的女性，他们有的娶了富有的商界女性，有的与政界的女性结了婚，他们的妻子们可谓来自各行各业。他们会"一起午餐，然后一起喝一杯"。他们入会的条件只有三条：（1）你必须是一位重要的女性的丈夫；（2）你每天工作不能超过3个小时；（3）你也希望喝一杯。

福德在提到这个俱乐部时开玩笑地表示：这听起来不错，大

① White, AnneMarie. *Women who win*, Rockhampton, Qld : Central Queensland University Press, 2002.p.117 .

概每个人都希望成为DT。这个俱乐部甚至有特制的车牌，安格斯的车牌上写着：DT1号。每个会员都有一枚漂亮的胸章，胸章上有编号，金色的，很漂亮。安格斯的胸章一直被福德很好地保存在家里，似乎一直没有用它，而其他的成员也同样很好地保存了他们的胸章。

1995年，当第一位爱尔兰女总统玛丽·罗宾逊来访问时，她的丈夫听说了这个俱乐部，便表示回到爱尔兰后也要建立一个这样的俱乐部。多年以后的一天，那时福德已经不再是州督，一位美国的总督来福德所在的大学也就是格里菲斯大学访问。那是一位女性总督，她的丈夫也与她同行。福德好奇地询问那位总督的丈夫现在都做什么，他回答说，“我是一个DT”。原来这个俱乐部早已声名远扬了。

谈及撒切尔夫人，福德是非常敬重的，因为她是第一位进入英国国会的女性。当她第一次进入国会时，她刚坐下，便有一位议员致了这样的欢迎词：“欢迎来到英国最高等级的男性俱乐部。”撒切尔夫人回答道：“哦，这不会太久了，我会把门留着。”福德亦用行动实践了这一点：把门留着。

1997年，福德五年任期结束，高斯之后的布必治（Rob Borbidge）州长希望福德能够继续连任五年，福德婉言拒绝，表示自己非常希望回到平凡的生活中去。她一直相信，一个人在一个位置上能够做到的只有这么多，应该让新人把新的理念带进来。[①]

福德即将离开州督府，新一任的州督将接任这一职位。按照以

---

① Currie, Susan. *Writing women into the law in Queensland*, Masters by Research thesis, Queensland University of Technology.2006, p.9.

往的规矩前任州督都会从边门悄悄离开，那里会有一些警察维持秩序，而福德却是从正门离开的，迎着大家的目光，把“大门留着”。事实上在福德卸任后，一位将军继任，之后又是一位女性州督，也就是现任的全澳总督布莱斯（Quentin Bryce）。

如果说这五年的在任对福德是绚丽非凡的，那么在之后的日子里福德经历更多的是她人生价值的实现。

虐童调查报告

有一个阶段，在福德的回忆中被称为“我人生中最重要的一部分”，指的便是她在卸任州督后担任虐童调查委员会主席期间的种种过往。

1998年，昆士兰州政府新建了一个部门，主要负责从诉讼的角度出发，调查各个儿童管理机构中的孩子们是如何被对待的。那时福德已经卸任，开始与安格斯在海外休假。因为有律师的背景，也因为是前任州督，家庭服务部部长安娜·布莱给福德打电话询问她是否愿意担任这个调查委员会的主席。福德原本打算推辞，然而她获得的信息是，他们希望能够有一个人为这些曾经受过虐待的孤儿所说的故事增加可信度，福德觉得如果自己作为上一任的州督接受这个职位，那么或许人们便会相信发生在那些曾经受过苦难的孤儿身上的故事。作为一个曾经的警察，安格斯非常支持福德接受这次任务，他也是促使福德接受这个职位很重要的原因之一，福德感到即便自己不知道应当如何去做调查，至少安格斯可以在这方面提供帮助。

一位曾经在昆士兰孤儿院长大的女性胡安蒂纳勇敢地站出来讲述了自己受到虐待的经历，福德调查发表后，她为福德向世人揭示了这段过往表示感谢[①]。左边为福德，右边为胡安蒂纳。

于是1998年8月13日，昆士兰儿童机构虐童调查委员会正式成立，福德被任命为委员会主席，调查自1911年起，昆士兰州各儿童机构中的虐童状况。福德认为这是自己人生中所做过的最有意义的工作。因为通过各方面的深入调查了解，福德和她的工作组发现在昆士兰州的各个儿童机构中，包括孤儿院、教会等等，虐童的现象比比皆是。在接手工作后，福德便做好了充分的心理准备，因为福德也听说别的国家、地区出现过类似的问题，明白自己所面对的可能会是许多让人难受的故事。然而即便做好了充分的心理准备，在听到许多人描述自己经历的种种过往时，福德仍是扼腕不已。倾

① 图片来源：http://nma.gov.au/blogs/inside-06/29/juanitas-photos/juanita-pix-6/，这是一位曾经在昆士兰一家孤儿院长大的女性为了纪念那些被遗忘的过去而拍摄的照片。

听这些人诉说曾经发生的往事，让人痛心疾首，如坐针毡。许多人受到的虐待太过可怕，以至于他们根本无法启齿。这些人都已经四五十岁了，可是与他们交谈就像在与受伤的孩子交谈一般。他们诉说的所有情节也影响着在场的每一个人的情绪，那些故事太让人难受，大家都没法控制住自己，他们的故事深深地影响了参与调查的每一个人。当时调查委员会还专门请来法庭记录员对整个调查询问的过程进行记录，那些记录员都经过专业的训练，有时他们在法庭听一个谋杀案可以听上三到四个星期或者更长的时间，然而在这个调查虐待儿童状况的过程中，许多记录员只在现场坚持了两天便无法再继续，因为他们每天会在这里听到大约四个可怕的故事，这让他们觉得心理上实在无法承受。

福德带领的工作组对昆士兰州的150所儿童机构进行了调查，发现虐待儿童的现象普遍存在，包括性骚扰、单独监禁、监禁在精神病院、克扣食物、用皮鞭殴打等现象。在后来的调查报告中提到，该现象的存在应当归咎于政府“没能给孩子们足够的重视”，还有教会对于虐待儿童现象的存在“视而不见”，社会“忽视或默许所有悲剧的发生”。调查涵盖了从1911年到调查之时的情况，并提供了300名证人的证词。报告中提到，在孤儿院的孩子们当中，有一部分是被父母因为经济原因而遗弃的，有一部分是被政府从家庭中去除的孩子，也就是澳大利亚历史上著名的“被偷的一代”。

受虐儿童当中那些来自于“被偷的一代”的孩子们，都是原住民的孩子。他们与家庭和社区被迫分开的情况由来已久，在澳大利亚被殖民时期，就已经存在，并在各个时期成为受虐和被奴役的人群。从19世纪开始，不同种族间就为土地、食物和水资源展开暴力的争夺。在整个冲突过程中，原住民儿童被绑架，并受到劳动剥削。到20世纪早期，在澳大利亚北部，这样的情况依然存在。有史学家这样描述当时的童工：年轻的原住民仆人最大的优势在于他们很便宜，也不用付给他们除了食物和衣服以外的工资。那也是为什么当时很多欧洲人可以每人拥有一个仆人。[①] 当时的政府与传教士也有目的地将原住民儿童从他们的家庭中去除。1814年，第一所原住民儿童学校受到资助而成立，这对于许多原住民家庭而言很具吸引力。然而几年以后，人们开始变得愤怒，因为事实摆在眼前，这个学校的目的是让孩子们远离他们的家庭与社区。虽然19世纪的殖民政府宣称他们憎恶那些残酷的欧洲殖民者的扩张行为，然而政府却不愿意或者无法阻止他们的活动。当获悉关于屠杀和暴行的新闻后，英国政府任命了一个专门委员会，调查原住民的状况。专门委员会调查之后建议建立一个“保护体系”。对于这个“保护体系”我们在之前对“占有原住民工资”的描述中已经详细提到，在这里就不再赘述。

与儿童相关的是，在一些州，之前提到的“主要保护者”被规定为所有原住民儿童的监护人，代为执行孩子父母的权利。因为政府鼓励将原住民儿童转变为基督徒，让他们远离原住民生活，他们被安排住在宿舍，并在与家人的联系方面受到严格限制。

在昆士兰州与南澳大利亚州，主要“保护者”运用他们的去除与监护人的权利迫使所有原住民迁移到更大的政府高度控制的居

① Reynolds, Henry.*With the White People*, Penguin Books, Ringwood, 1990, p.169.

所，并在孩子4岁的时候将他们送到远离家庭的宿舍，在他们14岁左右将他们送到固定的居所工作。原住民女孩儿如果怀孕了就会被送回固定居所或宿舍，将孩子生下，而她们的孩子也将经历同样的去除过程。许多混血的原住民儿童被送入的“宿舍”是主要由政府或教会运营的儿童机构。福德在后来参与的调查中发现，虐待儿童的现象在这些机构中普遍存在。

1937年，第一届联邦原住民福利会议召开，虽然大部分提出看法和意见的是各个地区的“保护者”，然而这毕竟是澳大利亚历史上第一次在国家层面对原住民事务进行讨论。此次会议之后，各州开始采取相关的政策去试图 “同化”混血原住民。与“融入”政策不同的是，如果“融入”是指一种被动的进入非原住民社会的过程，那么“同化”则是更深入地对人们的生活进行监视，并以非原住民的标准去进行价值评判。在这种理论的支持下，新南威尔士州政府重新“完善”了原住民儿童福利系统，1941年以后，政府对该系统的运行注入资金，原住民儿童开始受到与非原住民儿童类似的对待。不过直到1966年，所有原住民的社会保障福利才得到了全面的提升。从40年代开始，其他各州也逐步将普通的儿童福利法应用于原住民儿童，不过那些被去除的儿童依然受到区别对待。

1951年，第三次原住民福利会议召开，会议一致同意“同化”政策是“原住民福利”的目标。50年代到60年代，更多的原住民儿童因为“同化”的原因从家庭中被去除，并被送到偏远的学校、接受医疗，或在出生后就被收养。当儿童机构已经无法容纳不断增长的儿童数量时，原住民儿童开始由非原住民家庭养大，他们的身份被隐瞒或否认。

到60年代初，除了强制性的方法外，原住民群体并没能被同化，除了因为非原住民的歧视外，还有原住民对改变他们的生活方式和文化的拒绝。1965年，“同化”政策在原住民福利会议上被修正，并提供了可选择性，也就是原住民可以选择与其他澳大利亚人相似的生活方式，并作为一个独立的群体生活。

从20世纪30年代以来，原住民和人道主义组织不断地努力争取终于有了成果。1967年，经过全民公投，联邦政府摆脱了之前尴尬的地位，终于能够在各州拥有与州政府同等的处理原住民事务的权力，成立了“全国原住民事务办公室”，开始有资金支持各个原住民福利项目。1972年惠特拉姆工党政府为原住民自治提供了一个平台，让原住民群体能够接受资金支持，去对抗对原住民儿童的大量去除。原住民法律服务机构开始代表原住民儿童与其家庭反抗去除儿童的过程，直接的结果是被去除的儿童人数直线下降。

1976年，一份在第一届澳大利亚收养会议上的发言直接让社会开始关注那些大量被非原住民福利工作者安排到非原住民家庭的原住民儿童。发言内容主要关注的是他们在为原住民服务的过程中，帮助那些被政府从他们的家庭和原住民社区中去除的儿童争取权利的经历。这种情况与自治政策不符，且对原住民儿童造成伤害。原住民机构的活跃工作以及福利工作者自己开始认识到政府在社会福利实践中对原住民的歧视，引发了20世纪80年代对原住民儿童的去除和安置问题进行重新评估。1981年，全国原住民和岛民儿童保育秘书处成立，现在已经有大约100家原住民社区自己运营的儿童保育服务中心受其管辖。[①]

准确的被去除儿童的人数已经无从知晓，即便只是那些被官方去除的儿童人数，许多记录已经不复存在。另一部分孩子的原住民身份早已不得而知。有研究者试图通过计算在特定区域或者特定时期的记录寻求对被去除儿童规模的描述，如历史学家彼得·瑞德在研究中提到，在一些记录缺失的情况下，1883年至1969年，新南威尔士州共有5625名原住民儿童从家庭中被去除。[②]另一种方法就是询问成年人是否在年幼时从家庭中被去除。1989年，一个全国性的原住民调查结果表明，在所有年龄段，大约47%的原住民受访者在童年时期被迫与父母分开。这里的分开除了强制去除外，还包括住院与少年拘留。与非原住民的7%相比，这是一个非常高的比例。[③]大多数家庭因为被强制去除一个或几个孩子，影响了一代或几代人。[④]

在福德的调查报告中提到的机构包括威斯布鲁克拘留中心、圣约瑟夫孤儿院、威尔逊青年医院和约翰·奥克斯利青少年拘留中心等。报告记录的证据表明，威斯布鲁克拘留中心是一个"极其暴

---

① Butler, Brian, Aboriginal and Torres Strait Islander Children: Present and Future Services and Policy, *Children Australia*, Volume 18, Number 1 , 1993, pp.4–9.

② Read, Peter, The Stolen Generations: The Removal of Aboriginal People in NSW 1883 to 1969 (NSW Ministry of Aboriginal Affairs, Occasional Paper Number 1). 1981, pp. 8–9.

③ National Aboriginal Health Strategy Working Party, A national Aboriginal health strategy, Department of Aboriginal Affairs, Canberra, 1989, p.175.

④ Human Rights and Equal Opportunity Commission, Bring Them Home: Report of the National Inquiry into the Separation of Aboriginal and Torres Strait Islander Children from Their Families, 1997, http://www.humanrights.gov.au/social_justice/bth_report/report/index.html, Retrieved Sep 15, 2012.

力”的地方：一个15岁的男孩儿因为偷了一根胡萝卜被殴打，并被要求亲吻长官的靴子；男孩子会被公开脱裤子殴打直到他们尖叫。一个曾经在摩顿工厂的原住民囚犯讲述了在20世纪60年代受到的种族歧视与鞭打：他被克扣食物、吃肥皂、受到性虐待，还被锁在橱柜中。一个在某孤儿院的男孩儿讲述了他被一个牧师连续两年性侵犯的经历。一个曾经在威尔逊青年医院的囚犯讲述了年轻人怎样在被单独监禁前脱光衣服，且在监禁期间不给他们提供食物、水或床垫。另一位证人讲述了1996年，他被约翰·奥克斯利青年拘留中心的工作人员殴打后，肋骨骨折、脱发和断牙。[①]

如果说福德的童年是与圣诞节或者其他开心的时刻联系在一起的，那么这些原住民的童年则有如炼狱。他们没有办法去向时间讨回公平，很多人甚至都不知道自己有多大年龄，也从不庆祝生日，因为不知道哪天才是生日，没有什么特别的事情能够让他们知道每天有什么不一样，面对他们的只是无止境的苦难。

1999年5月，福德提交了《昆士兰州机构虐童调查委员会报告》（*The Report of the Commission of Inquiry into Abuse of Children in Queensland Institutions*）——史称《福德调查》（*Forde Inquiry*）。福德在报告的前言中提到，自己对那些能够鼓起勇气站出来诉说自己经历的人们表示敬意，对他们所经历的苦难感到悲伤，为这样的虐待曾经存在这么长时间感到心痛。对于听到、读到的故事，她将永生难忘。福德表示谨以此报告献给那些站出来讲述自己的故事、遭到机构虐待的受害者们，希望这个报告能够成为漫长的愈

① Roberts, Greg. *Beatings and abuse for children in care*, *Sydney Morning Herald* [Sydney, N.S.W] 09 June 1999: 11. Achieved Sep 12, 2012 .

Courier Mail _ 26/5/98 - P4

Forde expects inquiry charges

Christine Retschlag
social issues reporter

INQUIRY head Leneen Forde expects a number of criminal charges to arise out of her gruelling nine month investigation into abuse in children's homes.

And Mrs Forde was adamant yesterday the inquiry had not been a $2.8 million talkfest but that "significant changes" would be recommended regarding the way Queensland children's institutions were run.

One likely recommendation, to be contained in her report to be released on June 8, is for the greater rehabilitation of juvenile offenders.

"There certainly will be matters and have been matters referred to the police. We've certainly written a number of letters to police," Mrs Forde said.

"We've spent nine months, which is a big chunk out of our lives, working very hard hoping something fruitful will come out of it.

"There were certainly things I heard that I never dreamed was happening or happened. We will be making recommendations for significant change."

Mrs Forde warned that the Government would be "foolish" to ignore the recommendations which have arisen from the evidence of 248 witnesses, 166 interviews, 185 hearings and about 200 written submissions into places such as the Sir Leslie Wilson and John Oxley Detention Centres, Silky Oaks Orphanage, Lowson House and Nazareth House.

More than 1000 files from the Department of Families, Youth and Community Care were used in the process of corroborating the evidence of witnesses.

The inquiry, which was largely conducted in private, heard startling evidence of children being handcuffed, locked in dungeons and shackled to fences.

LENEEN Forde ... report expected to call for greater rehabilitation of juvenile offenders

Assistant commissioner Jane Thomason yesterday said there were a number of material changes which could be made to the children's institutions.

"There are some things that are within the power of the relevant agencies that if changes could be made things could be improved significantly in my view," she said.

"We are very serious at focusing our future recommendations on a number of areas that are going to improve our confidence and society's confidences that if children are in the care of the state, they are will not be subjected to these types of abuses.

"The only thing that may surprise them (the Government) is some of the contemporary issues about detention centres."

Mrs Forde yesterday admitted the inquiry was "pretty heavy going" and that court reporters had been rotated every two days because of the shocking nature of the evidence.

"I didn't cry but it made me sad. We tried to leave it at the office but I'm sure it has affected all of us," she said.

"For myself, being the oldest of the commissioners, I feel badly that a lot of these things were happening when I was young, in my lifetime and I was completely unaware."

1999年5月关于福德调查的报道[①]

① 图片来源: Inquiry head Leneen Forde expects a number of criminal charges Documents : The global abuse at the hands of religion & government, Courier Mail, May 26, 1999. P4http://www.the-gcac.com/documents/document-photos-view.php? imgpath=abusedocs/1999-05-26-forde-expects-inquiry-charges.jpg&ref=412. Retrieved Sep 2nd. 2012.

合、补偿之路上的一小步。福德在接受采访时表示，她相信类似的问题在其他州也同样存在，或许这个报告能够让其他州的人们也意识到这个问题。

福德同时对那些一直以来对孩子们的成长真心关注的人们表示感谢，对调查结果可能给这些无辜而有爱心的人们带去的伤害表示抱歉。她强调，调查是为了探寻事实的真相。虽然调查组的确获得了确凿的证据证实许多儿童机构对孩子们的虐待行为确实存在，但这并非表示所有的孩子都曾受到伤害，或所有机构的员工都曾实施过伤害行为。

在福德负责这个调查的过程中，丈夫安格斯的身体状况一直不容乐观，及至后来被确诊身患绝症。在福德卸任州督的时候，安格斯已经感觉身体不适，只是两人都试图安慰自己没有太严重的问题，直到确诊。在这样的情况下，安格斯依然对福德表示自己最坚定的支持，因为他知道这是福德必须去完成的一项极其重要的任务。安格斯于1999年2月6日辞世[①]，当时虐童的调查正在紧张地进行中，福德所经历的痛苦难以言喻。福德在调查报告的前言中对丈夫表达了最真挚的感谢，如果没有丈夫的支持、智慧与鼓励，自己无法完成这个艰巨而重要的任务。同时福德还对所有调查组成员的友谊与理解表示感谢，感谢他们在自己最伤心和痛苦的时候给予的所有支持。

她在前言的最后这样写道："整个社会都应该进行反思，为什么这些曾被虐待的孩子们在这么久以后才得以将真相大白于天下。

① White, AnneMarie. *Women who win*, Rockhampton, Qld : Central Queensland University Press, 2002. p.120.

我们应当杜绝同样的错误继续出现，希望这个调查能够得到一个积极的结果。我们应当理解和学习历史，我们每一个人都必须承担对孩子们的责任，他们是我们最有价值却也最脆弱的财产。让我们用运行的体制和相关的政策确保没有空间可以滋生虐童现象，通过创造一个合理的社会管理框架去建构美好的未来。”①

这份报告在昆士兰州乃至整个澳大利亚引起了巨大反响。当时的州长彼得·贝蒂起草了一份“由衷的致歉书”，代表州政府向受害者道歉。家庭服务部部长安娜·布莱在接受采访时表示，她将尽快联系教会，开始实施一项补偿受害者的计划。在报告的提议中有一项是由政府和教会建立“一条龙服务体系”，为受害者提供咨询、教育和其他帮助，例如让他们能够和家人团聚等。②

新西兰的《怀卡托时报》在1999年6月的报道中对昆士兰州许多机构的反应进行了描述：昆士兰宗教团体已经向曾经在州立机构中受到虐待的儿童道歉，最先实现当时的彼得·贝蒂州长在福德调查后关于给予受虐儿童正式道歉的承诺。贝蒂州长表示，政府会与教会商议关于正式道歉的事宜，不过至少已经有两个宗教团体自觉地提出他们的歉意。

福德调查的结果发现昆士兰州儿童机构中的孩子们受到了可怕的身体、心理上的虐待，而所有这些虐待的产生都归咎于教会和政府允许这样的虐待存在。这个历时长达九个月调查的报告希望能

① Commission of Inquiry into Abuse of Children in Queensland, Leneen Forde, *Report of Commission of Inquiry Into Abuse of Children in Queensland Institutions*. Publisher: Commission of Inquiry into Abuse of Children in Queensland Institutions, 1999. P foreword.

② Roberts, Greg. Beatings and abuse for children in care, *Sydney Morning Herald*, Sydney, N.S.W, June 9th, 1999: 11. Retrieved Sep 12, 2012.

够将罪犯绳之以法，并提出了14项指控罪名，交由执法机关进一步调查。关于正式致歉书的问题，还未达成一致，反对党领袖布必治认为，如果一旦公布正式的致歉书，很可能导致一系列连锁反应，或许较好的方式是承认曾经发生的过往，并保证那些错误不会再发生。[①]

Apology

To Those Harmed in Queensland Institutions during their Childhood

向那些童年在昆士兰儿童机构受到伤害的人们致歉，
由昆士兰政府与教会共同签署。[②]

① Apologies follow abuse probe report, *Waikato Times*, Hamilton, New Zealand, June 12th, 1999: 18. Archived Sep 12, 2012.

② 图片来源：昆士兰州政府社区、儿童安全和残疾人服务部官方网站http://www.communities.qld.gov.au/communityservices/community-support/forgotten-australians/forde-inquiry-and-redress-of-past-abuse. Retrieved Sep 2nd, 2012.

不过最终，昆士兰州政府还是公布了一份正式的致歉书。内容如下：

政府与教会共同对福德调查关于《昆士兰州机构虐童调查委员会报告》表示欢迎。我们带着尊重与歉意，对那些曾经相信我们的在儿童机构生活的孩子们承认曾经的错误，除了那些用自己的方式关爱孩子们的机构。那些错误导致的结果是，一些孩子受到了虐待，他们的社会、情感与健康的需求遭到忽略。

我们真诚地对所有在我们的机构中受到任何形式虐待的人们道歉，并对他们曾经受到的伤害与苦难表达我们最沉痛的哀伤与后悔。我们接受福德调查中提到的关于政府缺乏资金支持、提供资源不足是没有能够为孩子们提供足够关怀的重要因素。我们将致力于建立和继续与机构虐童受害者的沟通，商议如何做进一步的反应。目前相关的商议进展顺利。根据福德调查提出的建议，我们将致力于和受害者合作商讨后续的“一条龙服务”如何实施。

这一举措将包括政府与教会的服务，希望能够为那些受害者提供和解的方式。关注的重点将是为受害者提供最有效的治愈途径。只要实际情况需要，我们会一直提供这样的服务。我们认识到这些和解的服务的价值，并将在与他们协商后制定相关的计划。我们会尽我们所能，保证在我们的机构中的孩子们不受到虐待与忽视。另外我们会检查并改进我们给孩子们与家庭提供的服务。[1]

---

① 昆士兰政府致歉书：http://www.communities.qld.gov.au/resources/communityservices/community/forgotten-australians/queensland-apology.pdf, retrieved Sep 12, 2012.

因为这份报告，许多人被绳之以法，送入监狱。这份报告让许多人了解了之前的州政府和教会给孩子们带来的创伤，他们对孩子们的状况漠不关心，让他们生活在水深火热之中，留下了一生的伤痛。让福德比较失望的是，那些教会并没有马上做出反应，为这些受害者建立资助的基金，不是为了补偿，而是为了帮助这些人提高他们的受教育水平和技能训练，让他们能够更有可能找到工作，从而提高他们的生活水平。第一轮的资助基金申请者有60人，第二轮有185人，而所有的受害者又岂止几千人。值得庆幸的是渐渐有机构表示愿意资助，这些受害者的命运也在发生着改变。

2008年2月13日，当时的国家总理陆克文（Kevin Rudd）在堪培拉的国会大厦代表澳大利亚政府向全国的原住民宣读了致歉书——致“被偷的一代”，对以前的政府对原住民所犯下的罪行郑重地表示道歉——因此这一天也被称为“全国道歉日”。

这些“被偷的一代”——原住民儿童在福德调查报告中所受的虐待罄竹难书。虽然往事不堪回首，但令人高兴的是，现在去除原住民的孩子和虐待儿童的现象已不复存在。

然而对原住民的各方面权利的争取恐怕还有很长的路要走。2008年，澳大利亚总理陆克文在国会大厦宣读的致歉书中这样表示：

> 今天，我们尊敬这片土地的土著人民，他们保存着人类历史上最古老的文化之一。我们反思他们在过去遭受的错误对待。我们特别反思对那些“被偷的一代”的错误对待——这是澳大利亚国家历史上的污点。现在，是时候让澳大利亚改正过去的错误，充满信心地开始新的历史篇章。我们就以前的国会

和政府错误的法律和政策给澳大利亚同胞带来的深远的悲伤、苦难和损失道歉。我们特别对将原住民和托雷斯海峡岛民的孩子们从他们的家庭、社区和州中被去除表示道歉。对于那些“被偷的一代”、他们的孩子们以及他们的家人所承受的痛苦和伤害，我们说声对不起。对被拆散了的家庭和社区，对他们的父母亲们、兄弟姐妹们，我们说声对不起。对骄傲的人民和值得自豪的文化造成的屈辱和后退，我们说声对不起。澳大利亚国会郑重地请求这个歉意能够作为整个国家复原的一部分得到接受。未来，我们有决心在这片大陆上写下新的历史篇章。今天，我们跨出了第一步，承认过去的错误，并展望拥抱每个澳大利亚人的未来。未来，不公平的过去永远不会再发生；土著与非土著的澳大利亚人民在预期寿命、教育成就和经济机会等方面的差距不断缩小；尝试新的途径去解决旧方法不能解决的问题；寻求相互尊重、共同解决、共同负责；所有澳大利亚人，无论来自哪里都是真正平等的伙伴，拥有同等的机会，共同写下历史新篇章。[①]

再回首，十多年前的那份调查报告为昆士兰州乃至澳大利亚带来了巨变，那些曾经饱受虐待的孩子们现在早已步入中年，终于过上了比较好的生活。人们觉得羞愧万分，因为这样可怕的事情竟然存在了半个多世纪，不过人们也相信，那些可怕的故事都已成为往事，孩子们将不会再经历如此的苦难了。

---

① Parliament of Australia–Department of Parliamentary Services, Prime Minister Kevin Rudd, MP–*Apology to Australia's Indigenous peoples*, Parliament of Australia, House of Representatives, 2008–2–13, http://australia.gov.au/about–australia/our–country/our–people/apology–to–australias–indigenous–peoples, Retrieved Sept 15, 2012.

余晖亦如昔

福德与丈夫安格斯曾买了一片农场，打算在福德调查结束以后在海边安度晚年。然而这对爱侣却未能等到这美好的一天，在福德调查结束之前，安格斯去世了。丈夫的去世给福德带来了无限的伤痛，为了忘却悲伤，福德又一次投入到繁忙的工作中。

格里菲斯大学董事长福德[①]

1999年7月，福德接受格里菲斯大学董事会邀请，担任该大学的董事长。对于福德来说，这是一所非常好的大学，而这个职位本身于福德亦是一个挑战。因为福德从未有过与学者们一起工作的经历，她需要将更多的时间投入新的领域去思考与应对。

格里菲斯大学是位于布里斯班的一所年轻大学。1971年，昆士兰议会通过《格里菲斯大学法案》，同意在昆士兰州东南部建立第二所大学。根据法案，格里菲斯大学将成为一所与昆士兰大学完全不同的学校，将在地区、国家和国际层面深入地参与到其所在的区域中去。建校之初，格里菲斯大学设有亚洲研究与环境研究等学

① 图片来源：昆士兰政府网http://www.sclqld.org.au/schp/exhibitions/witl/biographies/forde.htm

院，目前该校的商学院和法学院在澳大利亚名列前茅，同时学校在拥有女性教职工人数方面在澳大利亚享有盛誉。

关于这一点，福德曾经做过一个大范围的调研。格里菲斯大学的管理岗位拥有很高的女性比例，超过50%，一直走在澳大利亚大学的前列，在女性职业公平方面做了很有意义的实践。福德认为一所大学能够聘用女性教职工是一件非常好的事情，然而年轻的女学者们依然需要学习如何往前走，因为女性仍然需要停下来生小孩，离开大学或者工作岗位几年，所以女性们需要互相帮助，福德在这一点上非常支持她们，也为自己能够帮助这些女性感到高兴。

另一件让福德深感欣慰的事便是她见证了格里菲斯大学洛根学院（Logan Campus）的第一届毕业典礼。洛根学院始建于1998年，主要面向社区开设各类课程。虽然学院在有效的教学法方面还在不断摸索，但至少洛根学院的初创理念是非常有意义的，而它也为没能有机会上大学的人群提供了改变人生的平台。学院希望能够通过互联网的帮助，结合自由的课程设置，为学生提供更好的教育。在第一届毕业生中有许多单亲母亲，福德很高兴能看到这些年轻妈妈们因为在这里受到的教育而改变自己和孩子的一生。

福德在格里菲斯大学的工作让她感到了欣慰与满足。她主要关心大学整体的办学，但不直接参与对学校的管理或处理日常的事务，董事会同时聘请一位校长管理学校的日常事务，处理学校一系列重要工作，并定期向董事会报告。福德对于自己在任时所聘请的校长非常满意。除了评估整个学校的运行情况外，作为董事长的福德还要对课程的预算等进行把关，尽全力支持整个大学的管理工作。

一般情况下，董事会往往会聘请在学术领域卓有成就的学者担任董事长一职，然而用福德的话来说，自己可以算是一个例外，因为福德在加拿大攻读了一些艺术课程，然后到了澳大利亚，拿到了法学学位，终其一生都在做律师，直到后来成为昆士兰州的州督。

应当说在大学任职董事长对于福德而言是很有意义的工作，因为她关心与处理的很多问题与学生的健康、改变和教育息息相关。在福德刚刚到任时，格里菲斯大学只有1万5千名左右的学生，而现在该校已有近4万5千名学生，同时学校还建了很多新的建筑，能够为新生提供很好的硬件设施。

2007年6月1日，福德与其他四位获奖者一起被授予“昆士兰州杰出人物”奖。“昆士兰州杰出人物奖”主要授予那些一生中获得了巨大成就、在昆士兰州的历史上扮演了重要角色，或者为昆士兰的发展做出了重要贡献的人。福德作为昆士兰州第一位女州督，在提高昆士兰人民的社会与经济福利方面扮演了非常重要的角色，并在提高女性地位和争取女性权益方面做出了巨大贡献，因此被授予杰出人物奖。

2008年，澳大利亚政府向全国的原住民宣读了之前提到的致歉书——致“被偷的一代”，对以前的政府对原住民所犯下的罪行郑重地表示道歉。

许多机构对此做出积极响应。福德作为格里菲斯大学的董事长，在她的声明中强调了原住民与托雷斯海峡岛民的文化、身份与知识在高等教育领域的重要性；表示正积极致力于创造良好的大环境，支持原住民与托雷斯海峡岛民在昆士兰州及整个澳大利亚的社区中能够接受高等教育，解决与之相关的问题；并努力创造一个文化和谐的学习、研究环境，在各学科的本科与研究生层面努力提高原住民学生进入、参与和毕业率。2008年，格里菲斯大学的第一位原住民学生获得了医学学士学位。此后，又有原住民学生获得了航空学学士学位和数学博士学位。

与此同时，福德对原住民教职工也非常关注，对于他们在大学中高质量的教学、对学生的支持以及在原住民社区、学校和各级政府中发挥的积极作用表示肯定。并致力于在学校各个学科增加原住民教职工数量，从而帮助学校更好地参与到与澳大利亚原住民的经济、健康、福利相关的研究工作中去。在格里菲斯大学，对高质量的教学课程的设置旨在培养对社会和文化有所认知的毕业生，并提高原住民与托雷斯海峡岛民的学习水平。这将对原

福德在香港参加格里菲斯大学与香港中文大学合作的本科项目毕业典礼[①]

① 图片来自香港中文大学网页:http://cloud.itsc.cuhk.edu.hk/enewsasp/app/article-details.aspx/92516BD188613EB5CF5180A5549ACF04/

住民家庭与年轻一代有非常重要的意义。[1]对于原住民学生与教职工的重视是福德在推动高等教育的公平方面做出的重要贡献。

作为格里菲斯大学的董事长，福德曾多次到过北京。因为在格里菲斯大学有许多中国学生，为了保证学生们能在祖国毕业，福德与负责毕业的老师们便不远万里来到中国，参加学生们的毕业典礼。福德曾去过香港，参加200名学生的毕业典礼，来了大概500位学生的朋友或者家人；福德去北京时情况略有不同，或许因为这些孩子来自不同的地区，他们的父母不方便出席，虽然观众并不多，好在毕业典礼上有很多的学生到场。

其实早在20多年前，福德早已结缘中国。1990年到1992年，任职布里斯班经济办公室主任的福德，曾陪同布里斯班市长到过中国，去深圳谈一个商业项目。在福德的州督任期内，她曾作为昆士兰州代表和澳大利亚代表团的一员到中国访问。在上海，福德在中国妇联组织的会议上作了一次演讲，一共去了350位女性，那是个让人愉快的午餐，大家问了很多问题，福德还讲述了自己的生平。福德到过中国的很多地方，她多次到过北京、上海；还去了西安，看了兵马俑；也曾到过南京；访问过厦门。

福德认为自己最大的成功便是她的孩子们。她觉得自己的孩子都是有责任感的好公民。虽然自己的影响不会一直存在，然而福德知道自己在孩子们最初性格形成的那些年，用自己的言传身教为他们的一生打下了坚实的基础。福德像所有的母亲一样喜爱自己的孩子们，并为他们感到骄傲。福德表示，因为自己在那样的年代

---

① 格里菲斯大学董事长声明：http://www.griffith.edu.au/about-griffith/aboriginal-torres-strait-islander-first-peoples/reconciliation/chancellors-statement

中长大，家庭、孕育孩子的过程和孩子的成长都至关重要。[1]五个孩子中，三个儿子和小女儿长大后都成为律师，大女儿则继承母亲与外祖父未完成的心愿，成为医生。同时让她感到欣慰的是，与自己的那个年代相比，女儿们能够在职业的选择方面更加自由，工作条件也有很大改善。不过对于儿女，福德觉得自己也已经尽力而为，是否是一位好母亲只能由孩子们来评判了。

对于未来，福德没有太具体的规划。似乎在福德的一生当中，她更多的是在应对而非规划。在这一点上，福德与许多人不同。安格斯的弟弟在每次过生日时都会向大家宣布他这一年的计划，虽然他从未骑过马，不过他还是从未把骑马这一项从他的计划清单中删去。福德没有太多的计划，或许会像年轻时那样继续作画，她曾经想过去冲浪，不过现在打算把这个计划从清单中去掉。不过旅行是福德一直会继续的活动，她最近花了很长的时间游历大洋洲。因为母亲90岁生日，福德送给母亲一份大礼，让母亲环球旅行三个月，自己也在旅程中相伴。福德曾经面临了许多选择，例如选择来到澳大利亚；选择与谁结婚；选择读大学；选择继续留在法律公司成为合作伙伴。福德还开玩笑地表示："噢天哪，谁会计划去做一位州督啊。"回首自己的人生，福德认为自己没有什么可以后悔的选择，如果让她再选择一次，她可能还是会做同样的选择。她很感谢她的第一位丈夫，从丈夫的身上，她学会了接受，学会了积极面对困难。福德认为忠诚与诚实是伴随她成功的重要品质。

这便是福德的人生，每个人只能拥有一次生命，只能生活在属

---

① White, AnneMarie. *Women who win*, Rockhampton, Qld: Central Queensland University Press, 2002. p.109.

于自己的那个人生。当人生慢慢接近终点，你或者对你的人生感到满意，或者不太满意。在福德看来，自己一路走来没有什么后悔的事，应当说对一切都很满意。

点点滴滴汇成了福德不平凡的人生，她是那个时代一位平凡而又伟大的女性，她的母爱铸就了她的辉煌。如今年近八十的福德依然谈笑风生，神采不减当年。

福德与孙女[①]

她已经开始渐渐让自己减少工作量，享受天伦之乐，她希望能够花更多的时间与家人和朋友待在一起。

福德开玩笑地表示，现在自己虽然还会时常在家爬上高梯，不过她知道也该到了要注意的年龄了。

路漫漫其修远兮，吾欲上下而求索。面对人生沉浮，福德从未选择放弃，直至我们采访结束，福德依然在董事长的岗位上贡献着力量，她用自己女性的声音和力量，与无数那个时代的实践者一起，共同谱写了昆士兰州乃至澳大利亚的历史篇章。

---

① 图片来源：White，AnneMarie. *Women who win*,Rockhampton，Qld：Central Queensland University Press，2002. p.122.

后记　不一样的精彩

詹姆斯·库克大学校长哈丁与格里菲斯大学董事长福德给我们展示了不一样的人生经历，我们也和她们一起体验了澳大利亚的往昔与今朝。如果说这两位大学的最高层领导有什么相似之处，竟能枚举数条：作为一个家庭的成员，她们是妻子、是母亲；作为一个社会人，她们在各自发展的过程中都面临着事业与家庭之间角色的权衡。她们也存在许多不同点，不同的学习经历、不同的机遇、不同的困难和不同的职位。她们一直为所在的地区、为澳大利亚、为国际社会乃至人类的发展创造不一样的精彩。

家·事业·梦想

她们都曾几次面对选择，或者在家庭与梦想之间，或者在事业与家庭之间。作为一个社会成员，有梦想、有事业、有家庭是再平凡不过的事，它们之间本不冲突，似乎并没有非此即彼的选择，然而作为女性，在传统思维的主导下，她们必须承受比男性更大的压力，需要考虑更多的不是选择要哪一个，而是在特定的时期，自己对家庭、对社会孰轻孰重。

福德在丈夫去世后，留下的遗产化为乌有，被迫面临继续供养五个孩子的问题。在那个时代，她自己的生存都很困难，更不用说还要养育五个孩子。但她在平衡眼前与长远利益后毅然选择了继续读书，且学习法律专业，只有这样才能在她上学期间有足够时间照看孩子、在将来有足够的工资供养家庭。这真是一位勇敢的女性，她的经历也实在令人感到辛酸，但她的选择是智慧的，她放弃了会让她身陷实验室而无法照顾孩子们的学医梦想。

她是一个非常重视家庭的人。福德面对选择是否要出任昆士兰州的州督时曾与州长有过那段风趣的对话：州长问："你想做州督么？"福德说："我得去问问安格斯！"也就是她的后任丈夫。福德知道州督的职位是为社会服务的，需要全心全意。有家人的支持，事业才会顺畅。

与福德相比，哈丁的生活没有大的起伏。但她毕竟是女性，虽然梦想是美好的，但实现起来还是困难重重。在家庭与事业的选择上，她自然而然地从传统角度先考虑丈夫，如丈夫在昆士兰州政府找到工作后，哈丁便随夫来到布里斯班开始新的工作；本希望先攻读博士的哈丁尊重丈夫的态度选择了先要孩子。这是一个充满梦想的女性，她很执著又坚定地向前行。她的选择同样智慧，既然直行有困难，就曲折前进。

但哈丁是幸运的。她有一个好丈夫，能一起帮忙做家务，还能和妻子举家前往美国一起攻读博士，一起面对困难。在人生的奋斗旅程中，有丈夫相伴，儿女相随，虽然每一天都很辛苦却无比幸福，哈丁非常感恩。

在人生的各个阶段，福德和哈丁选择的方式不同，但她们都保持自己真诚的信念，牢牢地把握了适合她们的机遇。

个人·社会·价值

福德与哈丁在寻求个人发展的过程中直接或间接地为她们所在的地区、为澳大利亚、为国际社会甚至全人类的发展做出了贡献。

福德在成为一名女性律师后，仍然面临着所有女性都会受到的不公正的待遇。福德把争取女性在这个地区的基本的、平等的权利作为己任。她参加崇德社，还担任了崇德社俱乐部的领导工作，该组织希望通过提高女性对权利的意识以及其他方式，逐渐争取达到社会性别公平的目标。福德还参与组建女律师协会并担任了第一任主席，致力于帮助女性争取平等的工作机会以及促进女性的职业发展，在帮助女性律师的同时，也希望为女性从整体上寻求积极的改变。她担任州督后，将州督府向人民开放。她用自己的权力和影响力为政府与人民之间打开了一扇大门；她关心原住民的生活并为他们争取权利，用自己的努力诠释了政府服务于民的理念。在就任政府机构虐童调查委员会主席后，福德带领委员会经过一年的深入调查，最终让这段历史重见天日，让曾经在昆士兰州儿童机构中受到虐待的人们终于能够获得一些补偿并听到来自机构和政府的道歉。她成为格里菲斯大学董事长后，努力提升女性教师的比率、鼓励有孩子的女性接受高等教育、关心原住民教师和学生的状况。从律师到州督再到大学董事长，这位女性不平凡的人生经历让人们对她充满敬意。

而哈丁作为詹姆·斯库克大学的校长，秉持基于地方、关注地方、服务地方的信念，充分利用大学所在的汤斯维尔地区丰富的热带资源，设立解决该地区问题的研究所和研究项目，培养出能够结合地方特点为地方服务的毕业生。哈丁坚定地带领学校为带动汤斯维尔和凯恩斯地区经济的发展做出了巨大贡献。她所带领的詹姆斯·库克大学在发展学校特色的同时，也为类似的中型地方大学提供了发展参考。如今的哈丁仍在辛勤耕耘，与世界热带地区的大学一起建立了一个国际项目，为热带世界创造美好的未来服务。同时她正带领澳大利亚大学联合会在高等教育领域继续前行。

图书在版编目(CIP)数据

澳大利亚大学女校长/叶鸿宇著. —北京:中国传媒大学出版社,2014.9
ISBN 978—7—5657—1124—4

Ⅰ.①澳…　Ⅱ.①叶…　Ⅲ.①哈丁,S.—人物研究
②福德,L.—人物研究　Ⅳ.①K836.115.46

中国版本图书馆 CIP 数据核字(2014)第 175797 号

澳大利亚大学女校长

著　　者	叶鸿宇
责任编辑	黄松毅
责任印制	曹　辉
封扉设计	创意源文化艺术
出 版 人	蔡　翔
出版发行	中国传媒大学出版社
社　　址	北京市朝阳区定福庄东街 1 号　邮编:100024
电　　话	86—10—65450528　65450532　传真:65779405
网　　址	http://www.cucp.com.cn
经　　销	全国新华书店
印　　刷	北京艺堂印刷有限公司
开　　本	670mm×970mm　1/16
印　　张	11.5
字　　数	124 千字
版　　次	2014 年 9 月第 1 版　　2014 年 9 月第 1 次印刷
书　　号	ISBN 978—7—5657—1124—4/K·1124　　定　　价　45.00 元

国家出版基金项目　教育部人文社科重大委托项目

探寻世界女子高等教育的发展轨迹　展现大学女校长的治校理念与风采

“世界大学女校长　女子大学”丛书

总顾问　陈至立　　主编　刘继南

丛书涉及 23 个国家的女子高等教育　34 个国家 80 余位大学女校长

吴贻芳——金陵女子大学校长
谢希德——复旦大学校长
常沙娜——中央工艺美术学院院长
庞瑶琳——北京化工学院院长
陈乃芳——北京外国语大学校长
回春茹　张礼玺——中华女子学院院长
山红红——中国石油大学校长
胡大白——黄河科技学院院长
秦　和——吉林华桥外国语学院院长
包德明——台湾铭传大学校长
钟期荣——香港树仁大学校长
成嘉玲——台湾世新大学校长

阿丽扎·申哈——以色列厄梅克学院院长
戴·叶布瑞——澳大利亚麦考瑞大学校长
居尔松·萨拉莫——伊斯坦布尔科技大学校长
杰奎琳·里博格特——美国埃莫森学院校长
克里斯汀——冰岛大学校长
坤仁·苏查达·吉拉南　泰国朱拉隆功大学校长
玛利亚·埃莱娜·纳扎雷——葡萄牙阿威罗大学校长
玛娜娜·萨那泽——格鲁吉亚大学校长
玛维琳娜·秀茨——美国迪拉德大学校长
曼珠·米舍尔——尼泊尔新闻与大众传播学院院长
英格瑞德·莫西斯——澳大利亚新英格兰大学校长
朴东顺——韩国东西大学校长
水田宗子——日本城西大学校长
张蕴礼——夏威夷大学希罗分校校长

朱迪斯·甘丽雅——新西兰梅西大学校长
朱迪斯·伍兹沃斯——加拿大康考迪亚大学校长
朱慧琼——津巴布韦非洲女子大学董事长

澳大利亚大学女校长
大学女书记们
大学女校长们
俄罗斯大学女校长
法国大学女校长
非洲大学女校长
芬兰大学女校长
韩国大学女校长
美国常春藤大学女校长
美国五姐妹女子学院校长
塞尔维亚大学女校长
意大利大学女校长
印度大学女校长
英国大学女校长
中国大学女校长

世界女子大学
美国女子大学
韩国女子大学
日本女子大学
中国女子高等教育

智慧的靓影——世界大学女校长论坛精彩瞬间

传媒人书店
（For IOS）

微信关注我们

访问我们的主页

丛书相关资源和中国传媒大学出版社信息　网站下载 http://www.cucp.com.cn

世界大学女校长论坛及丛书信息　网站下载 http://lady.163.com/special/sense/nvxiaozhang.html